黑龙江省高校基本科研业务项目（2020-KYYWF-0968）

环境规制下
中国能源供给结构
优化研究

邹韵 著

中国财经出版传媒集团

经济科学出版社
Economic Science Press

图书在版编目（CIP）数据

环境规制下中国能源供给结构优化研究/邹韵著
. -- 北京：经济科学出版社，2023.4
ISBN 978 - 7 - 5218 - 4577 - 8

Ⅰ. ①环…　Ⅱ. ①邹…　Ⅲ. ①能源供应 - 研究 - 中国
Ⅳ. ①F426. 2

中国国家版本馆 CIP 数据核字（2023）第 037677 号

责任编辑：程辛宁
责任校对：靳玉环
责任印制：张佳裕

环境规制下中国能源供给结构优化研究

邹　韵　著

经济科学出版社出版、发行　新华书店经销
社址：北京市海淀区阜成路甲 28 号　邮编：100142
总编部电话：010 - 88191217　发行部电话：010 - 88191522
网址：www. esp. com. cn
电子邮箱：esp@ esp. com. cn
天猫网店：经济科学出版社旗舰店
网址：http://jjkxcbs. tmall. com
固安华明印业有限公司印装
710 × 1000　16 开　13 印张　210000 字
2023 年 4 月第 1 版　2023 年 4 月第 1 次印刷
ISBN 978 - 7 - 5218 - 4577 - 8　定价：78. 00 元
（图书出现印装问题，本社负责调换。电话：010 - 88191545）
（版权所有　侵权必究　打击盗版　举报热线：010 - 88191661
QQ：2242791300　营销中心电话：010 - 88191537
电子邮箱：dbts@ esp. com. cn）

随着中国现代工业的不断发展，能源的有限性及化石能源的不可再生性成为中国未来发展的重要阻碍。在有限的能源资源条件下，如何实现能源供给、环境保护、社会福利以及经济增长之间平衡发展，以较少的能源资源消耗、较小的环境影响创造较高的社会经济价值，成为亟待解决的问题。党的十九大提出，加快生态文明体制改革，建设美丽中国，着力解决突出环境问题，把生态环境保护提升到前所未有的战略高度。这为中国能源供给结构优化水平的提高提供了保障。中国能源供给结构优化发展需要以建设美丽中国为目标，找出能源供给结构优化过程中存在的问题，针对问题提出促进"能源－社会－经济－环境"协调发展的对策和建议，以提升环境规制下中国能源供给结构优化发展的整体水平。

本书以日益恶劣的生存环境及日渐强化的环境规制为背景，以中国能源供给结构优化为主体，通过识别中国能源供给结构优化程度指标、量化中国能源供给结构优化水平、分析中国各地区能源供给结构优化程度及能源供给结构优化效率的发展趋势、揭示中国能源供给结构优化发展特性及规律，提出促进中国能源供给结构优化发展的对策。具体研究内容如下：

第一，剖析了环境规制下中国能源供给结构优化基础理论。通过对国内外现有研究成果进行归纳、梳理，分析了中国能源供给结构优化的特点及现状，梳理了环境规制相关理论基础及规制工具，并界定了能源供给结构优化、环境规制以及环境规制下能源供给结构优化相关内涵。明晰了环境规制下能源供给结构优化程度、能源供给结构优化效率相关概念及研究重点，进而厘清了本书研究的内容框架。

第二，评价了环境规制下中国各地区能源供给结构优化程度。用词频分析方法识别、筛选了中国能源供给结构优化程度评价指标，综合运用改进PSO 模型、EA 模型、ME 模型进行组合权重测算，量化了各评价指标对中国能源供给结构优化程度的作用情况；比较分析了各评价模型的优劣性，对适宜模型进行改进，构建能源供给结构优化程度评价模型，分别对不同环境规制强度下的中国各地区能源供给结构优化程度进行了实证分析。

第三，测度了环境规制下中国各地区能源供给结构优化效率。构建了能源供给结构优化效率测度模型，比较研究了一般情况下和环境规制下中国能源供给结构优化效率指标体系的构建差异。在此基础上，分别从静态和动态角度测度中国能源供给结构优化效率。

第四，分析了中国能源供给结构优化程度及效率的收敛性。从收敛理论的研究基础入手，探讨了 σ 收敛模型、β 收敛模型和俱乐部收敛模型在能源供给结构优化过程中的应用原理。在此基础上，考虑空间效率，分别对中国各地区能源供给结构优化程度和能源供给结构优化效率进行了收敛性分析。

第五，分析了中国能源供给结构优化路径。研究各因素对中国能源供给结构优化的作用机理，并运用路径分析方法，从自然条件、社会条件、经济条件、能源规划、环境因素和科技水平等方面入手，量化分析中国能源供给结构优化路径。

最后，提出了促进中国能源供给结构优化发展的对策。在全书研究基础上，从中国能源供给结构优化程度、中国能源供给结构优化效率和中国能源供给结构优化影响因素角度出发，提出提高中国能源供给结构优化发展水平的对策。

目　录

第 1 章

绪　论

1.1　研究背景、目的及意义

1.1.1　研究的背景

能源作为国家社会经济发展的动力，是衡量人民生活质量的重要标志，因此，能源供给结构优化对国家发展和人民生活质量的改善发挥着至关重要的作用。全球环境类风险激增、气候变暖趋势明显，人类的生存与可持续发展受到严重威胁，国际环境的严峻形势给中国的能源供给结构优化带来了新的挑战。自 2018 年 12 月以来，《巴黎协定》已进入全面实施阶段，对于中国提出的二氧化碳排放自主贡献目标，目前面临着从"高碳到低碳，低碳到无碳"两条路并行的巨大压力，能源供给结构优化水平亟待提高，环境规制力度亟须加强，中国能源供给结构优化势在必行。

1.1.1.1　环境类风险激增

世界经济论坛和风险咨询公司达信（Marsh）联合发布的《2019 年全球

风险报告》（简称 GR 报告）指出全球十大风险按照发生的可能性及所造成的影响进行排列，十大风险中有五项来自环境类风险。分别是极端气候事件、应对环境变化的妥协和适应措施失效、自然灾害、人为造成的环境灾害、生物多样性丧失以及生态系统崩溃。GR 报告认为，全球在重大问题上的合作已经陷入"危机状态"，这种状态会阻碍国际社会对紧急事件采取行动的速度，不利于全球风险事件的协作处理。

近年来，世界各地极端气候现象频发，仅 2018 年全年，全球约有六千万人的生活受到了极端天气影响，一万多人死于各类自然灾害。① 极端气候引发的天气现象逐步走向"难以承受"的局面。2019 年世界多个地区出现了高温、干旱、暴雨等现象，气候变化越来越严峻，人类生存环境堪忧。中国气象中心指出 2019 年为"厄尔尼诺年"，厄尔尼诺现象的频繁发生也给各国造成了巨大的经济损失。地球异常气候的影响逐步扩大，不断提醒人类对地球进行保护的必要。中国作为世界上最大的发展中国家及能源生产、消费大国，面对日益严重的自然、环境破坏带来的威胁以及能源资源版图变化带来的挑战，必须采取措施积极应对。

1.1.1.2 气候变暖趋势明显

能源供给为社会经济的发展提供动力和支撑，目前全球能源供给仍然处于以化石能源为主要能源的阶段，致使碳排放量居高不下，温室效应问题凸显，严重威胁全球生态系统运行。全球平均气温升高、平均海平面上升、陆源冰川和极地冰盖大范围融化等区域变化，说明碳排放造成的温室效应远远超过了自然界的循环吸收能力，气候变暖趋势日益明显。

从 1880 年到 2018 年全球平均气温距平总体呈上升趋势，上升了约 1.1℃。世界气象组织秘书长塔拉斯指出，2015～2018 年全球创纪录的变暖，导致海平面不断上升，南北两极冰面消融，冰雪覆盖面积不断缩小，而这一趋势在 2019 年仍将持续。在全球气候变暖趋势下，中国也未能幸免。根据中国气象

---

① 联合国减少灾害风险办公室。

信息中心网站提供的数据可知，2018 年全年中国平均气温 10.09℃，整体气温较常年高 0.54℃。中国大部分地区的平均气温距平值在 0.5℃ ~1℃ 之间，部分地区甚至达到 1℃ ~2℃，持续气候变暖现象令人担忧。

气候变暖导致的各种灾害频繁发生，已严重威胁到人类的生存与可持续发展。国际科学界大多将气候变暖的主要原因归结于工业革命以来人类大量使用以煤炭为主的化石能源排放所产生的二氧化碳日益积累（郁乐，2017）。减少以煤炭为主的化石能源供给，通过能源供给结构优化遏制全球气候变暖，保护人类生存环境，已经成为当今国际社会的一种共识（朱俏俏等，2014）。中国作为世界上最大的发展中国家，在全球气候变暖问题上发挥着责任大国的作用，实行能源供给结构优化发展是必由之路。

1.1.1.3 对节能减排作出承诺

为应对全球气候变暖给人类经济和社会带来的不利影响，全面控制二氧化碳等温室气体排放，1992 年联合国通过了《联合国气候变化框架公约》。该公约被认为是国际社会应对全球气候变化问题时，进行国际合作的基本框架。

多年来，中国政府为减缓全球变暖不断付出努力，积极参与各类国际会议。从《京都议定书》、巴厘岛路线图、联合国气候变化谈判、哥本哈根世界气候大会，到 2010 年全球绿色经济峰会、2011 年联合国世界气候大会、2012 年"里约 + 20"峰会、2014 年联合国气候峰会、2015 年巴黎气候变化大会、2016 年摩洛哥马拉喀什气候大会等，针对气候问题与各国政府展开会谈，并作出系列能源减排承诺。为了实现承诺，中国制定了到 2030 年将非化石能源在一次能源中的比重提升到 20% 的目标。

1.1.1.4 能源供给结构优化势在必行

2016 年中国加入《巴黎协定》以来，中国在节能减排、能源结构优化等方面做出大量努力。

2016 年，中国国家发展和改革委员会办公厅发布《关于切实做好全国碳排放权交易市场启动重点工作的通知》，同年3月《碳排放权交易管理条例》的送审稿提交到国务院审议。2017年3月李克强总理提出坚决打好蓝天保卫战，2017年12月中国正式启动全国碳排放交易体系，这是中国实现节能减排的重要措施，也是全球实现温室气体达峰的重要组成部分。

2019年政府工作报告提出，单位GDP能耗要下降3%左右的目标。[①] 为此，中国政府积极采取措施，推进煤炭清洁高效利用，大力推进风电、光伏、生物质能等清洁能源产业扶持。最终实现2019年能源结构不断优化，原煤占比68.6%，原油占比6.9%，天然气占比5.7%，水电、核电、风电等占比18.8%，水电、核电、风电和太阳能发电占全部发电量的27.7%，占比较上年提高了1.0个百分点。[②]

在中国政府的不断努力下，虽然能源供给结构已有较大改善，但是，仍然存在能源产品结构待完善、地区能源禀赋分布不均衡、长远储采比能源短缺、能源供给环境污染、新形势下能源安全等结构不合理问题。随着城市化进程的推进及工业化进程的发展，能源供需量随之上升，环境规制带来的能源发展压力仍然存在。

受历史发展、能源禀赋和科技水平影响，以化石能源为主的能源供给结构短期内难以改变。2006年以来，原煤占能源生产比重总体呈下降趋势，占比仍处于较高水平。长远看，新能源发展存在巨大潜力，新能源供给有效提高了能源供给效率，实现了能源供给结构优化发展。当前新能源供给虽然已经起步，但新能源储存、运输等核心技术依然需要进一步完善，短时间内难以满足需求、实现规模供给。因此，化石能源仍然会在一定长的发展周期中占据能源供给主体位置。

"十二五"以来中国政府提出，要坚持节约优先、立足国内、多元发展、依靠科技、保护环境，努力构筑稳定、经济、清洁、安全的能源供应体系，并提出系列能源优化发展政策。研究政策实施以来，中国能源供给结构优化

---

① 2019年政府工作报告，http://www.gov.cn/zhuanti/2019qglh/2019lhzfgzbg/index.htm.

② 中国统计年鉴（2020），http://www.stats.gov.cn/tjsj/ndsj/2020/indexch.htm.

发展情况，有利于掌控中国能源结构优化相关政策措施的有效性。2018 年 12 月以来，《巴黎协定》已进入全面实施阶段。为实现非化石能源比重提升到 20% 的目标，中国亟待加速能源结构转型，加强环境规制力度。中国能源供给结构优化是诸多因素共同作用的结果，但是诸因素对中国能源供给结构优化的影响程度却不相同。通过中国能源供给外部环境变化，实现中国能源供给结构优化水平的提升，是中国能源转型发展的重要途径。精准把握"十二五"以来在各种政策配合下，中国能源供给结构优化发展情况，根据现有情况，"十四五"发展，一方面更加注重发展质量，调整存量、做优增量，积极化解过剩产能，另一方面更加注重结构调整，推进能源绿色低碳发展。充分掌握中国各地区能源供给结构优化程度和效率特点，挖掘各地区能源供给结构优化潜力，有针对性地采取措施，是中国能源供给结构优化发展的有力保障，也是解决中国现有环境压力的有效手段。

1.1.2　研究的目的及意义

1.1.2.1　研究目的

全球环境类风险激增、气候变暖日益加剧，已严重威胁到人类的生存与可持续发展。减少化石能源供给，加快能源优化发展刻不容缓。中国作为世界上最大的发展中国家，在保护自然环境、优化能源发展问题上发挥负责任大国的作用，更应该从自身国情出发，积极推进能源供给结构优化发展。因此，本书以环境规制为条件研究能源供给结构优化程度及效率，目的在于找出提高中国能源供给结构优化过程中存在的问题，针对问题，确定促进环境规制下中国能源供给结构优化发展的原则、重点和目标；从能源供给结构优化的进度和量度视角出发，客观、准确测度中国能源供给结构优化程度和能源供给结构优化效率，并分析其发展趋势，在此基础上，量化分析能源供给结构优化路径，以便科学、精准定位中国现阶段能源供给结构优化水平，为中国能源供给结构优化发展提供方向；提出促进中国能源结构优化发展的对策，为有关部门决策制定及中国节能减排承诺的兑现方案提供支持和指导。

1.1.2.2　研究意义

（1）理论意义。

能源结构优化一直以来都是学术界广泛关注的热点，但是基于供给角度的研究相对匮乏。而加快生态文明体制改革，建设美丽中国，亟须中国能源供给体系的配合。本书从供给角度研究中国能源供给结构优化程度及效率，理论意义在于：

有效识别了中国能源供给结构优化程度评价指标。运用词频分析法识别、筛选、整合中国能源供给结构优化程度的评价指标，逻辑更紧密、研究更规范，在一定程度上丰富了能源供给结构优化程度评价的理论研究。

构建了环境规制下中国能源供给结构优化研究的理论框架。分析中国能源供给结构优化过程中各因素间的相互关系，探究各因素对中国能源供给结构优化的作用机理，在此基础上，分析中国能源供给结构优化路径，为深入研究中国能源供给结构优化水平，准确定位中国能源供给结构优化目标和优化途径奠定理论基础。

构建了基于组合权重模型、SPA-TOPSIS 模型、PP-SFA 模型、速度激励模型等多模型的能源供给结构优化程度及效率测度模型。研究方法具有一定的创新性，研究内容验证了现有能源供给结构优化的相关理论，丰富了能源结构优化水平研究的理论内涵。

（2）现实意义。

技术不断进步、能源产业结构持续调整、能源效率水平稳步提高，使提升能源供给结构优化水平成为中国绿色转型的主战场。在此背景下，研究环境规制下中国能源供给结构优化程度及效率的现实意义在于：

从能源供给结构优化的进度视角出发，对中国能源供给结构优化程度进行准确评价，有助于厘清中国能源供给结构优化现状，明确中国能源供给结构优化发展目标。

从能源供给结构优化的量度视角出发，对中国能源供给结构优化效率进行准确测度,有助于确定未来中国能源供给结构优化发展空间,为进一步探索能源供给结构优化的新模式和新途径提供依据。

测度中国能源供给结构优化程度及优化效率的收敛性,有利于明确中国能源供给结构优化的地区性特点及发展趋势,对中国能源发展战略目标的制定及节能减排相关承诺的实现提供指导。

明确各因素对中国能源供给结构优化的作用机理,明晰中国能源供给结构优化路径,加强对影响中国能源供给结构优化相关因素的有效调控,有助于促进中国整体能源供给结构优化发展。

1.2 国内外研究现状

1.2.1 国外研究现状

1.2.1.1 环境规制的研究

在极端天气多发、全球气候变暖背景下,全球各国都在从能源、环境、技术等方面寻找新出路,以环境规制为切入点的研究逐渐引发关注。国外学者对环境规制与能源发展间关系的研究日趋深入。国外学者对环境规制与能源优化发展关系的研究主要分为两类。

一类是以辛恩等(Sinnet et al.,2012)为首的学者们认为,环境规制存在"绿色悖论",即环境规制导致化石能源加速开采,不利于绿色低碳的能源发展。弗雷德里克等(Frederick et al.,2012)研究环境规制的"绿色悖论"问题时认为,通过增加碳税进行环境规制时,为减小未来更加严格的税收政策带来的损失,部分企业着眼于短期经济利益,加大近期化石能源的开采,进而阻碍了能源结构的优化。埃德温等(Edwin et al.,2012)将"绿色悖论"分为弱势悖论和强势悖论进行探讨,认为存在瑕疵的气候政策促使短期碳排放增加，是弱势"绿色悖论"；而环境规制对未来的因气候变化造成的净现值损失的增强则是强势"绿色悖论"。鲍尔等（Bauer et al.，2018）运用两种能源经济模型进行研究，认为碳排放效应的滞后性是"绿色悖论"存在的重要原因，但是可以通过对模型进行更合理的假设，即通过引进新技术等方式来减弱"绿色悖论"。

另一类学者们则认为环境规制具有减少污染、降低能耗、提高能效、优化能源结构等多重红利。20 世纪 90 年代初期波特（Porter）提出"波特假说"，指出合理的环境规制政策，可以有效促进企业进行技术创新，获取更高收益，从而弥补甚至超过因环境规制而产生的成本。拉默等（Rammer et al.，2011）以"波特假说"为基础，对不同类型企业进行研究，指出环境规制通过技术创新传导，使企业能源效率得到有效提高。肯普等（Kemp et al.，2011）研究表明，适当增强环境规制工具的运用对能源供需结构有显著影响，强规制条件可以有效控制高能耗行业的成长，进而引导能源结构调整升级。毕功兵等（2014）研究加入环境规制对发电能源效率的影响时指出，加强主要污染物排放的控制，有利于能源效率的提升及能源结构的优化。内维斯等（Neve et al.，2020）指出欧洲国家环境规制相关政策的实施，对降低污染、控制能耗、减少碳排放有促进作用。

综上所述，国外学者对于环境规制与能源优化发展之间的争论主要集中于环境规制对能源低碳发展的作用方向，并就"绿色悖论"的条件展开研究。"绿色悖论"是否存在虽没有准确定论，但是随着研究的深入，学者们普遍认为通过"适度"规制、完善约束政策等手段，改变模型假设有利于环境规制条件下能源结构的优化发展。

1.2.1.2　能源结构的研究

国外学者对能源结构的研究从 20 世纪七八十年代开始涌现，研究范围也不断扩展。

能源结构测度相关模型的研究不断深入。马尔等（Mar et al.，1981）利用经典控制论的思想改进了"能源－经济"模型（EEM），对一次能源结构的变化进行分析。在此基础上，托尔（Tol，2007）建立"能源 – 环境 – 经济"宏观模型（3E），参考联合国政府间气候变化专门委员会（IPCC）对碳排放的核算，分析了美国的碳排放及能源结构的变化情况。法尔扎内等（Farzaneh et al.，2016）基于微观经济学优化和应用数学规划法构建集成供需模型研究城市能源系统最优化问题，结果表明此模型可以解决能源结构最优化问题，为实现可持续发展、生态发展目标提供方案及理论依据。斯特罗恩等（Strachan et al.，2008）利用能源经济模型（MARKAL-MACRO）对英国长期减排方案进行情景预测，提出应通过增加天然气、生物能等措施改善能源结构。莫里森等（Morris et al.，2002）则对比了能源经济模型与国家能源模型系统（NEMS）在能源结构研究中的优点及特征。加布里埃尔等（Gabriel et al.，2001）则利用 NEMS 模型对一次能源结构进行进一步预测，并通过 Gauss-Seidel 方法改进了 NEMS 模型，对原预测结果进行了优化。威尔克森等（Wilkerson et al.，2013）、阿罗拉等（Arora et al.，2018）分别将消费者偏好理论和不同碳税模型与 NEMS 模型相结合，进行能源结构的预测和研究。学者们在梅文和布瑞克（Meeusen & Broeck，1977）以及艾格纳（Aigner，1977）等提出的 SFA 模型基础上进行改进，并应用于能源结构发展研究中。本间等（Honma et al.，2018）对 SFA 模型进行两步输出，研究日本能源发展情况。

发挥能源的可替代性，有利于能源结构的优化。拉宾德拉纳特等（Ravindranath et al.，2007）运用 DEP 模型进行能源规划，认为替代能源的发展前景对能源结构优化影响重大，能源结构的优化发展使良好的生态发展成为可能，并提出了一种以最小经济和环境成本满足能源需求和替代能源发展的情景。富克森（Foxon，2013）研究英国未来低碳电力转型路径时指出，为达到 2050 年二氧化碳排放量减少 80% 的目标，需要从替代供应、低碳技术等方面进行改善。韦塞尔等（Wesseh et al.，2013）对利比里亚能源结构进行研究时，利用脊回归法进行参数估计，发现燃料间存在替代性，进而指出可以通过定价、资本补贴等政策调整能源结构，使之由石油主导向电力等清洁能源方向发展。琼斯（Jones，2014）研究美国工业中间燃油替代时指出，只考虑煤炭、石油、电力和天然气四种传统燃料可能高估了潜在的中间燃油的替代潜能，该研究通过建立包含生物质和四种传统燃料的动态线性 Logit 模型，指出生物质和天然气之间是可替代燃料，增强替代能源供应可以有效优化能源结构。

上述研究表明，从 20 世纪七八十年代至今，国外学者对能源结构的研究从测度模型的改进、替代能源的发展及环境控制等角度不断深化。现已形成了 EEM、3E、MARKAL-MACRO、NEMS、SFA 等多种能源结构程度测度及未来发展预测模型。相关研究模型不断改进、深化并应用，为能源结构的优化发展奠定基础。国外学者普遍认为，替代能源的发展有利于能源结构的优化，是控制环境恶化的重要手段。

1.2.1.3　相关因素的研究

20 世纪 70 年代以来，国外学者对影响能源结构因素研究多集中于自然环境、社会环境、经济条件、产业结构、能源规划和技术进步等方面。在此之前，世界范围内的能源供给相对充裕，有关能源结构以及相关因素对其影响等问题并没有引起人们应有的重视（Banks，2000）。

20 世纪 70 年代初梅多斯等建立了"世界末日模型"，从自然环境和社会环境变化角度对能源结构发展的影响进行了比较深入的研究（Meadows et al.，1972）。结果表明，如果现有的人口增长率和经济增长方式不发生变化，那么世界能源将会耗竭。这一观点的提出使越来越多的国家以及学者对自然环境和社会环境变化给能源结构变化带来的影响给予高度重视。王德里克和森川智之（Wang & Toshiyuki，2018）指出气候等自然环境变化对全球企业影响效果虽不尽相同，但是或多或少都影响了企业对可再生能源的供给目标。纽厄尔和兰妮（Newell & Lane，2020）认为气候等自然环境的改变直接影响各国能源政治决策，进而促进各国通过能源结构优化等手段达到去碳化目的。社会环境方面，艾伦等（Allan et al.，2016）研究区域绿色发展时指出，社会就业情况对能源低碳化发展和清洁能源的供给有重要影响。谢韦特玛等（Schuitema et al.，2017）则认为就业人员年龄及知识结构的调整有利于能源结构优化目标的实现。

21 世纪以来，国外学者逐渐关注经济条件和产业结构对能源结构的影响。蒂瓦里（Tiwari，2011）在应用面板数据 VAR 研究欧洲及欧亚国家能源消费、经济增长和二氧化碳排放之间的关系时指出，能源结构与经济发展之间存在密切关系，经济增长对可再生能源消费存在积极影响，对不可再生能源消费则存在负面影响。伯克等（Burke et al.，2015）的研究也验证了经济增长对能源结构具有影响作用，该研究还指出经济增长不仅增加了当年的碳排放，同时对接下来几年内碳排放的增加产生影响。阿里等（Ali，2017）研究非洲生物能与经济增长间关系时，也指出生物质能源占比的增加与地区经济增长间存在显著正向关系。沙赫巴兹等（Shahbaz et al.，2017）则提出不同观点，认为能源消费结构与经济增长之间存在非对称关系。赛迪等（Saidi et al.，2018）研究 13 个中东和北非地区时，也表示能源消费结构与经济增长之间存在双向关系。产业结构方面。何天丽等（2011）采用协整分析和因果关系对产业结构和能源结构进行研究，结果表明第三产业与能源消费结构之间存在格兰杰（Granger）因果关系。萨多斯基（Sadorsky，2013）使用改进的异构面板回归技术，研究 76 个发展中国家城市化、工业化等因素对能源强度的影响时指出，产业结构向工业化调整对能源结构有积极影响。清洁能源推广范围直接影响能源结构的优化发展，肖内西等（O'Shaughnessy et al.，2018）研究美国太阳能发展与产业结构间关系时指出，光伏安装产业的发展直接影响太阳能市场的地理边界（即推广范围）。

在能源规划方面，20 世纪 70 年代两次石油危机对美国经济的重创使各国政府、相关组织以及部分学者意识到，政府能源发展规划及相应政策合理制定和实施对国家能源安全的重要性。美国共和党颁布《能源政策法案》有效改善了勘探石油和天然气的条件（Bang，2010）。乔杜里等（Chowdhury et al.，2014）采用比较案例方法研究日本和德国 1990～2011 年期间的光伏技术扩散政策规划时认为，能源规划对能源供给系统转换至关重要。该研究指出日本政府引进可再生能源组合标准方案，使电力零售商在提供可再生电力时需要承担部分成本；而德国为保证可再生能源长期发展，采用了固定价格政策，可再生能源由政府政策支持供应，结果导致 2005 年后日本光伏市场份额明显下降，到 2011 年仅为 7.3%，而德国发展态势良好，保持在 35% 左右的份额。保拉 - 奥诺托阿等（Panula-Onttoa et al.，2018）研究芬兰能源供需结构变化时强调了政策规划对能源结构的影响，该研究指出因气候变化带来的全球经济压力加速了各国政府的能源规划力度，推进了能源消费结构向可再生能源转移的步伐。罗伊特等（Reuter et al.，2019）研究欧共体能源政策和自主发展驱动对能源消费结构的影响，运用对数平滑指数（LMDI）进行深入分析，指出不同能源规划条件下，对欧共体 28 国 2030 年的能源消费情况进行预测差异显著，其中，2016 年制定的能源规划政策下的预测结果比 2007 年能源规划政策下降低 30%。

内生经济增长理论发展以后，许多学者注意到了科技水平对能源结构的影响作用。一方面，技术进步是科技水平提高的重要体现。佩努里（Painuly，2001）认为可再生能源的使用具有较强的技术依赖性，研发投入不足、技术水平落后是影响能源消费结构发展的重要原因。奥凯洛等（Okello et al.，2013）研究乌干达生物能源技术发展时指出，通过生物能源技术的改进可以确保乌干达生物质能供应的可持续性，进而减缓该国能源供应不足的压力，使之可以长期持续发展。麦克纳等（Mckenna et al.，2018）运用社会技术假设对能源需求模型进行改进，指出技术创新可以长期抑制能源消费，在增强技术创新假设条件下化石能源的使用随之减少。威廉姆斯等（Williams et al.，2017）运用单因素经验曲线研究技术进步对风力发电成本影响，指出 2015 年风力发电成本为 5.5 美分/千瓦时，而新技术的开发可使成本在 2030 年减低至 4.1 ~ 4.5 美分/千瓦时，技术进步为能源结构向风力发电转移提供保障。此外，德米恩（Demiroren，2010）在研究技术进步对能源结构影响时还发现技术进步程度影响到能源供给成本，其在研究土耳其电力供给时指出，由于可再生能源提供的电力能源成本受到技术及其实现成本的影响，进而影响这一国家的电力供给。苏祖基等（Suzuki et al.，2016）在能源减排战略背景下，对日本未来 30 ~ 50 年的能源结构变化进行分析，指出日本能源的可持续发展需依靠技术进步实现能源结构优化。切尔佩萨等（Cherp et al.，2018）通过对德国和日本的能源结构转型分析，构建能源结构调整的技术经济、社会技术和能源政策三元理论框架，并指出能源技术创新方向直接影响能源结构调整的方向。另一方面，技术水平的提升有利于能源效率提高。帕克等（Park et al.，2018）对多品种能源进行比较研究，发现只有燃料电池的能源效率具有随时间推移而不断提高的特性，韩国政府为减轻经济压力，充分利用这一特性，集中扩大该能源的供应。

1.2.1.4 能源优化程度及效率研究

能源结构的优化对节能减排及环境污染控制具有促进作用，雷森等（Lenssen et al.，1996）详细地分析了世界能源经济的发展，认为全球清洁能源系统运行正向更高效的趋势发展，加大清洁能源的开发力度、优化能源结构，有助于改善我们赖以生存的生态环境。

能源优化程度的测度有利于明确能源优化地区性差异，为能源优化发展提供保障。斯坦巴克和韦勒（Steinbach & Wellmer，2010）指出能源结构合理化，可以为未来几代人拥有富足的能源资源提供重要保障。埃里克莱特等（Aleklett et al.，2010）对世界能源发展情况进行测度，指出世界石油使用仍然呈现快速上升趋势，能源结构优化水平低下导致环境严重恶化。毕海德等（Bhide et al.，2011）通过分析印度当前的经济、能源发展程度认为，想要解决印度发展目标与能源需求增加给环境带来破坏之间的矛盾，印度政府必须从能源供给结构入手，加强电力政策和可再生能源技术的研究。麦考利和希伯伦（Mccauley & Heffron，2018）指出气候控制、环境保护需要通过能源结构调整来配合实现。厄兹图尔克和约克塞尔（Ozturk & Yuksel，2016）从可持续发展、环境污染等角度出发，对土耳其绿色能源系统进行评估，阐明能源结构对环境的影响。内亚古和泰奥多拉（Neagu & Teodoru，2019）测度欧盟国家能源结构水平时指出，能源结构与温室气体排放之间存在长期均衡关系。

在能源效率方面，帕特森（Patterson，1996）较早地给出了能源效率的概念，并着重从政治层面分析提高能源效率的方法。吉林厄姆等（Gillingham et al.，2009）研究能源效率、经济和政策之间关系时指出，能源效率与政府决策、市场行为之间的关系在现有研究文献中仍然存在争辩，他们通过特定视角进行研究认为，社会福利效益的提高有利于能源效率提升。托瓦尔（Tovar，2012）从家庭能源投资结构入手，研究英国能源效率。林格尔（Ringel，2017）指出德国政府已将效率问题列为能源系统转型的第一要务，对德国的案例分析表明，健全的能源效率评估系统在一定程度上促进能源结构转型。

1.2.2 国内研究现状

1.2.2.1 环境规制的研究

随着环境规制力度的增强，能源结构调整是否使企业存在长、短期利益矛盾，成为学者们关注的重点。国内学者认为研究环境规制与能源发展之间关系的核心问题是实现污染控制的同时，是否会影响能源效率及企业的竞争力？

一些学者认为，环境规制有利于能源效率的提升和能源结构的优化。林伯强和李江龙（2015）预测中国未来能源结构时指出，严格的环境规制会促使中国煤炭消费占比下降，并预计在 2030 年达到 47% 左右。韩国高（2017）认为环境规制通过成本效应和创新补偿效应实现对能源效率的显著促进作用，环境规制可以有效加速不满足环境标准的产能的淘汰，从供给出发实现能源结构优化。还有一些学者认为，技术创新是能源结构优化的重要支撑手段。韩国高（2018）指出技术创新可以有效强化环境规制的创新补偿效应，进而实现对产能过剩的化解。时乐乐和赵军（2018）认为高强度的环境规制对技术创新具有倒逼作用，而技术创新水平的提高有助于推动产业结构升级和能源结构优化。徐建中和王曼曼（2018）探讨了行业环境规制的门槛效应和时序变化，认为环境规制强度的增加对绿色技术创新和能源强度的下降具有促进作用。

另外，也有学者针对环境规制对能源结构的促进作用提出相反的观点。余伟等（2017）对中国 37 个工业行业展开研究，结果表明：虽然环境规制对企业研发投入的促进作用显著，但是由于引致效应不充分，使得环境规制的研发投入对工业行业发展无法产生促进作用。伍格致和游达明（2019）研究 2004～2015 年中国 30 个省级数据环境规制对技术创新及能源绿色生产率的影响时指出，环境规制下的"弱"波特假说和"强"波特假说，在中国全国层面均不成立。

随着研究的深入，更多学者认为环境规制对能源结构优化的作用方向存在时效性、地区性、行业属性等多方面差异。李阳等（2014）指出环境规制对能源技术创新具有促进作用，但是这种作用存在时滞性，导致其长期促进效果比短期效果更明显，而环境规制作用在能源结构优化上的时滞性会更长。周肖肖等（2015）通过研究发现，环境规制对能源发展的影响存在区域差异性。实证表明环境规制与人均能源消费间存在倒 U 形关系，即只有超越一定限值后，环境规制才会促进节能减排发展，但是中国大部分地区无法突破这个"限值"，因此产生了影响差异。能源技术进步是能源结构优化的重要保障。刘金林和冉茂盛（2015）指出环境规制对不同行业技术进步的影响存在明显差异，分别呈现出显著 U 形、倒 U 形及影响不显著三种关系。刘伟等（2017）认为环境规制与工业技术创新间存在 U 形关系，即弱环境规制不利于工业技术创新，当环境规制强度达到拐点值后对工业行业技术创新有促进作用。陶长琪等（2018）则认为环境规制对能源结构优化的作用方向与化石能源占比密切相关。当化石能源占比处于较高程度时，环境规制水平与能源效率呈负相关关系；反之，当化石能源占比逐渐降低时，负作用减弱直至转为正向。

1.2.2.2 能源结构的研究

吴映梅等（2006）、魏巍贤和马喜立（2015）、梁琳琳和卢启程等（2015）分别从能源生产结构、能源消费结构、能源地区性结构等角度出发，指出中国能源发展瓶颈在于能源结构的不合理。为此，肖炼（2008）指出为改善中国能源结构中对煤炭的过分依赖，中国应大力开发核能、风能等新能源，加快能源替代节奏。刘振元（2011）也指出为促进能源消费结构向合理化方向发展，政府应适当运用行政手段限制能源消费单位或个人的能源结构和比例，降低能源消费的不合理性；通过价格、公益宣传等手段，引导社会合理的能源消费需求和意识，优化能源消费结构。石莹等（2015）、王秋彬（2010）、何立华等（2015）、王博峰等（2014）、林伯强（2015）从能源成本、能源效率、资源禀赋、城市形态、金融效率、环境治理等方面分析了中国以化石能源为主的能源结构在未来发展中将面临的压力与挑战。中国政府需要通过合理、有效的能源结构调整方法来应对这些挑战。韩建国（2016）对能源结构调整进行研究，指出盲目去煤化是不可取的，中国需要寻找煤炭清洁利用方法，实现能源结构的"软着陆"。汪行和范中启（2017）也指出碳强度、城市化与能源结构存在稳定的协整关系。中国应该逐步提高清洁能源消费占比，加快城市化绿色发展、强化意识教育，稳步实现能源结构调整，避免"大跃进"。目前，中国正处于能源结构向清洁能源转型的关键时期，林伯强（2018）指出中国能源优化发展处于"攻关期"和"窗口期"，未来能源结构优化发展需要依靠中国能源发展的道路自信和制度自信支撑。

杜祥琬（2014）、刘戒骄（2003）、朱青等（2015）等指出化石能源的高效、洁净化利用不是治本的能源革命，中国能源结构想要融入世界能源体系，能源结构向非化石能源转变，以科学的供给满足合理的需求，才是必然的发展方向。目前，中国能源结构优化存在巨大潜力。吴智泉和刘明浩（2017）运用模型测度北京能源结构节能潜力，结果表明北京可挖掘的节能潜力达3.73%，通过能源结构优化调整，可以实现该地区节能目标。近年来，国内学者不断探索促进中国能源结构优化的途径。李姝和姜春海（2011）强调发展战略性新兴产业对能源结构优化的作用。邹璇和贾蕾玉（2017）发现工业能源消耗结构受到污染排放和治理、投资结构、技术、价格等因素的影响，区域产业结构和资源禀赋条件的差异也影响着能源消耗结构的优化。并从产业结构、政府调控和市场机制等方面提出能源消耗结构的优化对策。郝晓莉等（2017）指出创新能力限制是能源结构优化必须跨过的"门槛"，各地区需要准确了解自身能源创新能力，通过研发补助、税收优惠、人才引进等方法突破这一门槛。庄之乔和晏维龙（2017）则提出了不同观点，指出创新能力水平提升1%，会导致发达地区煤炭消费占比增加1.097%，而欠发达地区会下降 1.026% 。因此,利用技术创新能力促进能源结构优化需要"因地制宜"。部分学者还对能源结构优化未来情景进行了预测。方德斌等(2016)研究低碳转型趋势下中国能源消费结构优化问题,对中国的能源需求总量、能源消费结构及碳排放量进行预测,构建了考虑能源、经济和环境因素的能源消费结构多目标优化模型,得到"十三五"期间优化情景下中国的能源消费结构及其相应的碳排放量,并指出优化能源消费结构能够有效降低能源消费总量及碳排放量。吕涛和高剑(2018)对 2030 年电力结构优化进行预测时指出,不同情景下的能源结构存在差异,综合考虑成本、环境、技术等方面,着重发展能源互联网,加快风光发电技术创新是电力能源结构发展的新出路。

1.2.2.3 相关因素的研究

合理的能源结构是一国能源、经济、环境、社会协调发展的重要保障。21 世纪以来,国内学者对影响能源结构相关因素的研究不断深入。王迪等(2011)发现由于自然因素的制约,煤炭在江苏能源消费结构中仍占主导地位,且呈倒 U 形的发展趋势。该研究认为,未来江苏能源消费结构的优化应以煤炭资源的清洁、高效利用为主。李琳等(2012)也得出相似结论,认为中国自然资源的禀赋决定了目前中国的能源供给仍然高度依赖于化石能源,超过一半的能源供给来自煤炭。彭盼等(2018)建立 WITCH-China 模型,据地区经济发展和自然资源禀赋的差异性,将中国地区划分为三部分进行研究,结果表明能源资源禀赋对中国能源结构具有一定的影响作用。刘朝等(2018)研究中国居民能源消费问题时,认为居民生活水平、消费方式、城乡差异等社会因素对能源消费结构均会产生影响。该研究还指出政府对居民电力消费的关注和能源消费方式引导,有利于能源消费回弹效应的降低。居民对绿色电力的额外支付意愿是能源结构清洁化发展的关键因素,吴力波等(2018)认为这一支付意愿受教育程度、收入水平、生活条件等多种社会因素影响,并指出 2016 年上海居民的额外支付意愿能够给予绿色电力约 3.34 亿元的支持。徐国政(2016)指出社会人口规模直接影响能源的消费结构,人口数量增长可以促进能源结构改进。

王凤云（2008）发现经济条件与能源供需结构间存在短期波动向长期均衡变化的情况，并指出 GDP 对能源供给结构存在显著的格兰杰单向因果关系。蒋毅一等（2009）从中国能源发展战略出发，定量分析中国能耗与经济增长之间的关系，构建三要素生产函数框架，并运用协整理论检验中国经济增长与能源消费之间的关系，研究结果表明：中国经济发展水平与能源消耗之间存在单向因果关系。陈正（2011）运用实证分析研究 1978～2008 年中国 GDP 和能源结构关系时指出，GDP 到能源供给结构存在单项因果关系和稳定的协整关系。邵庆龙（2017）利用中国 1985～2011 年三个产业能源利用与经济增长相关数据，对经济增长和三个产业能源利用的长期均衡及动态关系进行了实证分析。结果发现经济增长是推动能源消费的主要动因。

马立平等（2010）运用脉冲响应统计分析方法研究产业结构对能源消费结构的影响时指出，产业结构对能源消费结构的变化产生一定影响。董锋和谭清美等（2009）将灰色关联与协整分析技术相结合，研究经济发展中产业结构等因素对中国能源供给结构的影响时指出，提高第三产业比重、降低重工业比重有助于中国能源供给结构的高碳式发展现状的改善。周庆元和陈海龙（2018）借助灰色关联理论与格兰杰因果理论研究能源消费结构与产业结构调整间关系时，指出产业结构调整是能源消费结构演进的重要推动因素。

科技水平对能源结构优化发展具有一定的支撑作用。徐向阳（2010）对中国和印度能源问题进行对比分析，指出未来中国能源供应存在着极大的风险和挑战，而印度在生物质能技术研发方面的投入以及取得的成就值得中国参考借鉴。张传平等（2013）研究中国能源消费与技术进步等因素之间的长期均衡和短期波动关系，并提出了中国可持续发展的相关建议。闫晓霞等（2016）构建了考虑各部门同时最优的一体化模型，模拟出稳态时可耗竭和可再生能源资源价格和产量的增长率，并指出技术进步是影响可耗竭和可再生能源资源价格和产量增长率变化的关键因素。能源效率提高是科技水平提升的有力表现。汪行等（2016）研究中国能源效率与能源结构两者之间的动态关系时发现，能源效率与能源结构之间存在长期稳定的正相关关系。陶长琪等（2018）也指出环境规制对能源效率的作用与能源消费结构演变存在显著适配关系。

　　然而，能源结构优化情况并非仅受单一因素影响。部分学者从多因素视角研究影响能源结构的相关因素。苗韧等（2013）、林伯强等（2013）认为能源结构调整应考虑经济社会、资源环境、技术进步、人口增长等方面影响，走能源可持续发展路线，加强可再生能源的开发利用。刘鹏等（2014）从自然条件、社会条件、经济增长速度、产业结构、政策以及科技发展水平等方面研究影响中国能源供给结构低碳化的主要因素，该研究指出面对日益恶劣的全球环境变化压力，中国从能源供给端研究能源结构的低碳化问题是极为必要的，在未来研究中厘清各因素对中国能源结构的影响，对中国能源发展具有一定的引导作用。邱硕等（2016）认为人口、技术、产业结构及经济发展情况等因素决定了地区能源结构发展路径。该研究提出陕西需要通过保持地区人口和经济适度增长；优化产业结构，实现工业部门 GDP 比例下降；实现技术改革等手段实现能源结构的优化发展。秦青等（2017）认为人力资本、自然资本、物质资本、金融资本、社会资本等对能源结构变化影响显著。曹静等（2018）从"能源－环境－经济"（3E）系统入手研究中国能源结构合理程度，指出通过增加固定资产投资、坚持低碳政策、保证 3E 系统持续稳定发展，有利于能源结构的合理化发展。

1.2.2.4　能源优化程度及效率研究

　　充分发挥中国能源结构优化潜力，促进能源结构向清洁能源发展，实现能源供求平衡，是保障国家经济安全的基础。许珊等（2016）运用粗糙集理论评价中国能源结构低碳化发展程度。曹静等（2018）在此基础上，运用 3E 系统视角的"熵权－集"对分析评价方法对中国能源结构合理度进行评价。徐枫等（2015）构建 CGE 模型分析广东在节能减排情景下的能源结构优化问题，认为广东低碳减排政策的实施有利于能源结构优化水平的提升。李爽等（2015）将碳排放因素考虑进能源消费结构优化之中，分析了 2020 年中国各地区以及低碳情景下，中国未来能源消费结构优化程度的变化方向。孟凡生等（2018）认为中国各地区能源结构优化程度存在异质性，通过能源发达地区带动欠发达地区协同发展，缩短区域差异，有利于中国整体能源结构优化水平的提高。

国内学者在能源效率研究主体选取上存在差异，但研究过程中或多或少涉及空间差异问题。沈能（2010）研究中国能源经济效率的区域空间分布时，从地理空间溢出的角度解释能源效率空间特征，指出全国范围能源效率的空间差距逐步扩大。关伟等（2015）从3E系统角度测度中国省域能源生态效率，并分析空间分布特征，认为中国能源生态效率整体水平偏低，且存在显著空间效应。汪行等（2016）运用实证分析研究能源效率与能源结构间关系，指出两者具有明显的促进作用。厉桦楠（2017）运用DEA模型对中国能源利用效率进行评价指出，中国资源利用效率的提升需要系统性的解决方案，中国各省能源利用效率存在显著差异，空间分布不均衡现象明显。

1.2.3　国内外研究现状评述

通过对国内外环境规制、能源结构、相关因素的影响、能源优化程度和能源优化效率研究领域的文献回顾，可见现阶段国内外学者已取得丰硕成果。环境规制研究方面，学者们对环境规制与能源发展间关系的研究日趋深入，并逐步形成"适度"规制思想。能源结构研究方面，学者们从评价模型改进、替代能源发展、能源结构合理性、能源结构优化潜力、能源结构优化途径等视角展开研究，能源结构领域的理论研究不断深入。相关因素的影响方面，主要集中于自然环境、社会环境、经济条件、产业结构、能源规划和科技水平等方面，研究方法涉及面板数据、协整分析等，研究技术不断深化。能源优化程度研究方面，国内外已有学者从环境持续发展、气候有效控制、减缓温室气体排放等目标出发，研究能源结构优化程度，定量分析方法逐步得到应用。能源优化效率研究方面，学者们从政治层面、政府结构转型、能源经济、能源生态等角度入手研究能源发展过程中的效率问题，现有研究在研究思路上较为统一，大多是从投入、产出关系入手，研究过程中的投入产出指标选取也存在一定的共性，为深入研究奠定基础。

综上所述，现阶段能源结构优化的内涵得到学术界广泛共识，实证研究模式不断优化，研究技术不断深化。但是，现有研究仍然存在以下不足：

（1）影响能源供给结构优化主要因素的系统性识别尚需完善。现有能源供给结构优化研究文献对社会、环境、政策、技术等因素的考虑不够细致，相关因素的衡量变量指标较单薄，存在指标变量缺失、指标概念重复等问题。鲜有对能源供给结构优化主要因素的评价指标进行系统性识别和筛选的研究。因此，难以全面准确地识别影响能源供给结构优化的相关因素。

（2）环境规制下的能源供给结构优化研究相对匮乏。现有能源结构优化的研究视角存在局限，鲜有从环境规制对能源供给结构优化影响展开的研究，难以从根本上阐明环境规制对能源发展的作用情况。运用主客观因素综合测度能源结构优化的模型研究较少，测度模型尚需改进，同时考虑能源、社会、经济、环境等因素，从供给角度出发，基于环境规制下的能源供给结构优化水平研究相对匮乏。

（3）能源优化程度及效率研究尚需深入。能源优化程度方面，国外学者多以定性分析为主，阐述和分析使研究对象能源结构合理化、能源优化程度提高的措施，研究方法比较局限。国内学者虽然已在研究过程中运用了定量分析方法进行评价，但是研究对象多为中国的部分地区，研究对象覆盖面不足，研究视角和研究模型选取和改进仍有拓展和进步的空间。能源优化效率方面，虽然已有研究探索了空间视角的能源效率发展问题。但是，鲜有从供给角度入手研究能源结构优化效率的文献，研究对象和研究视角仍有拓展空间。

（4）系统性的能源供给结构优化作用机理研究不够深入。现有研究对能源发展约束条件及影响能源结构优化相关因素论述重点存在差异。首先，国内外学者对能源结构优化的界定较为模糊，关于影响能源供给结构优化因素的研究相对匮乏，现有研究侧重于从能源消费结构或需求结构视角展开，能源管理的可持续性发展难以保证。因此，难以达到能源结构优化的真正目的。其次，已有的能源结构优化分析仅侧重人类活动对经济、环境的影响，却忽略了相关因素之间的相互作用，对影响能源结构优化因素作用机理的阐释不够深入，因此，难以系统性地开展能源供给结构优化作用机理研究。

1.3 研究思路、主要内容和研究方法

1.3.1 研究思路

在全球极端天气频发、全球变暖的今天，能源供给结构优化对国家社会经济生产有序运行、人民生活质量提高甚至是人类生存繁衍具有重要影响作用。能源的优化发展已经成为许多政府组织和国内外学者关注的热点问题。本书从供给角度出发，以环境规制为条件，研究中国能源供给结构优化的程度及效率。按照"理论分析—演绎推理与实证分析—对策提出"的思路展开论证。

首先，阐释中国能源供给结构优化研究相关概念模型，运用文献研究和调查研究方法，阐述环境规制下中国能源供给结构优化内涵、特征以及研究内容。其次，从进度和量度视角量化中国能源供给结构优化水平，运用词频分析法识别中国能源供给结构优化程度评价指标体系，运用多目标决策理论与方法测度环境规制下中国各地区能源供给结构优化程度及效率，运用收敛分析方法对中国能源供给结构优化程度及效率的收敛趋势进行分析，运用路径分析法量化分析中国能源供给结构优化路径。最后，提出促进中国能源供给结构优化发展的对策。

1.3.2 主要研究内容

在文献研究的基础上，结合相应的理论与方法，围绕环境规制下中国能源供给结构优化程度及效率进行研究。研究内容包括以下几个部分：

（1）环境规制下中国能源供给结构优化的基础理论研究。首先，明确环境规制对能源供给结构优化发展的重要意义；其次，阐述中国能源供给结构优化特性；再次，界定能源供给结构优化、环境规制、环境规制下能源供给结构优化等的概念及内涵；最后，构建环境规制体系及环境规制下能源供

结构优化理论研究框架。

（2）环境规制下中国能源供给结构优化程度评价。从进度视角分析中国能源供给结构优化。识别中国能源供给结构优化程度评价指标，确定指标设计原则，根据该原则选取相应指标勾勒环境规制下中国能源供给结构优化程度评价指标基本框架；比较分析能源供给结构优化评价方法，选取适合中国能源供给结构优化程度的评价模型，确定 SPA 方法的应用领域及 SPA 中联系度的相关概念，阐述基础 TOPSIS 模型的应用，并结合 SPA 方法对 TOPSIS 进行改进，构建 SPA-TOPSIS 的综合评价模型，对不同环境规制强度下中国能源供给结构优化程度进行评价，对评价结果进行总结分析。

（3）环境规制下中国能源供给结构优化效率研究。从量度视角分析中国能源供给结构优化。根据 SFA 模型特点确定其应用范围，以及用于测度中国能源供给结构优化效率的优劣性，并进行改进，构建 PP-SFA 中国能源供给结构优化效率综合测度模型。引入速度激励动态评价模型对上述测度结果在连续时间段内变化速度进行评价，以分析中国能源供给结构优化效率的动态发展趋势，并系统分析加入环境规制条件对中国能源供给结构优化效率的影响。

（4）中国能源供给结构优化程度及效率收敛性分析。从趋势角度分析中国能源供给结构优化。分别构建 σ 收敛模型、绝对 β 收敛模型、条件 β 收敛模型和俱乐部收敛模型，并基于空间尺度构建绝对 β 收敛的 SLM 模型和条件 β 收敛的 SLM 模型。在此基础上，考察中国能源供给结构优化程度及中国能源供给结构优化效率的收敛特征及发展趋势。

（5）中国能源供给结构优化路径分析。阐述自然条件、社会条件、经济条件、能源规划、环境因素、科技水平等因素对环境规制下中国能源供给结构优化的影响，并分析以上因素对中国能源供给结构优化的作用机理。在此基础上，运用路径分析法分析中国能源供给结构优化路径。

（6）促进中国能源供给结构优化发展的对策。从中国能源供给结构优化程度的提高、中国能源供给结构优化效率的提升、中国能源供给结构优化影响因素的调控等角度出发，提出促进中国能源供给结构优化发展的对策。

综上所述，本书的整体研究框架如图 1.1 所示。

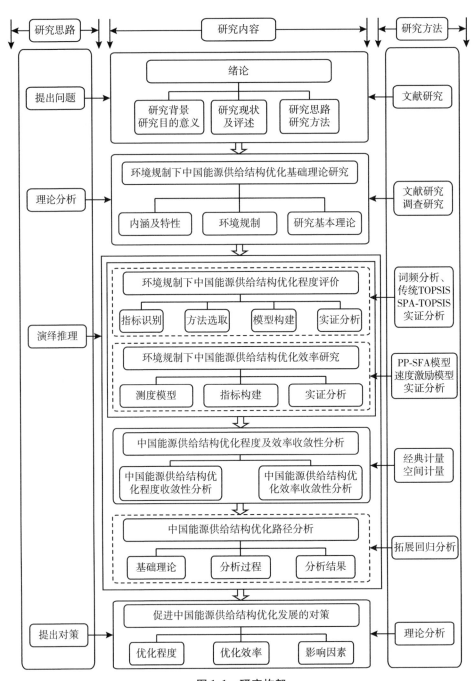

图 1.1　研究构架

1.3.3　研究方法

1.3.3.1　文献研究与调查研究相结合方法

结合本书的研究内容和目标，利用相关图书资料及网络资源，检索和查阅国内外相关文献，分析能源结构优化相关研究领域的基本理论、研究体系与范式；在大量文献资料基础上，运用词频分析，识别中国能源供给结构优化程度评价指标，为准确评价中国能源供给结构优化程度奠定基础。通过对相关领域的专家、学者调研访谈，以及相关文献的查阅，掌握中国能源供给结构优化现状和研究的前沿，获得本书研究所需的理论与基础数据。

1.3.3.2　经典计量与空间计量相结合方法

空间计量模型考虑空间因素的影响，减小了实际测算过程中可能会出现的部分偏误。因此，本书将经典计量与空间计量相结合，在运用经典计量模型对中国能源供给结构优化程度及效率进行研究基础上，考虑空间因素影响，构建空间权重矩阵，运用到空间经济计量中的空间滞后模型（SLM）检验中国能源供给结构优化程度及效率的收敛性。

1.3.3.3　拓展的回归分析方法

以多元线性回归方程为基础，构建一组反映自变量、中间变量和因变量间相互关系的能源供给结构优化相关因素的线性回归模型。运用该模型度量各因素之间直接及间接作用情况以及各因素对能源供给结构优化的作用机理。

1.3.3.4　实证分析方法

运用改进 PSO 模型、EA 模型、MD 模型等建立组合评价模型，对中国能源供给结构优化程度指标权重进行实证分析；在理想点与联系向量距离相结合基础上，构建 SPA-TOPSIS 模型对中国能源供给结构优化程度进行实证分析；在超越对数生产函数基础上，增加函数变量的数量，建立能源、资本、劳动多投入，环境效益、社会效益、经济效益多产出的 PP-SFA 模型，对中国能源供给结构优化效率进行实证分析；运用路径分析法对中国能源供给结构优化路径进行实证分析。

1.4　创新之处

（1）构建了能源供给结构优化程度评价指标组合权重模型。在测度各指标对能源供给结构优化程度作用情况过程中，引入智能化思想对 PSO 模型进行改进，使得求解过程更加高效。结合改进 PSO 模型、EA 模型、MD 模型特点构建能源供给结构优化程度评价指标组合权重模型，有效克服单一模型存在的缺点，使测度结果更加合理化。

（2）构建了 SPA-TOPSIS 能源供给结构优化程度综合评价模型，科学评价中国能源供给结构优化程度。将 SPA 中的联系度与 TOPSIS 相结合，构建可以兼顾客观信息和主观偏好的多属性决策方法，有效改进传统 TOPSIS 模型中欧氏距离计算存在逆序现象的缺陷。运用 SPA-TOPSIS 综合评价模型，从能源供给视角对环境规制下中国能源结构优化程度进行评价，拓展了能源结构研究领域。

（3）拓展了能源效率研究视角，改进了能源供给结构优化效率模型。从供给结构优化视角出发，研究能源供给结构优化效率，拓展了能源效率的研究领域。对 SFA 模型进行改进，构建了 PP-SFA 模型，用以测度能源供给结构优化效率的同时，引入考虑时间因素的速度激励模型，将静态结果进行动态分析，便于掌握能源供给结构优化发展的提升空间，为能源结构优化发展奠定基础。

（4）揭示了中国能源供给结构优化的时间和空间演化情况。本书在研究过程中，同时考虑时间和空间双重条件进行研究。在时间维上，考虑能源供给结构优化的变化速度状态和变化速度趋势等特征；在空间维上，将空间经济学理论纳入能源供给结构优化研究框架中，将空间演化与收敛性分析相结合，分析能源供给结构优化发展趋势。从时间效应和空间效应双视角揭示中国能源供给结构优化的时空格局差异。

第 2 章

环境规制下中国能源供给结构优化的
基础理论研究

环境污染的负外部性和环境资源公共性特点，造成社会成本和实际生产成本间存在较大差异。在能源供给结构优化发展过程中，如何使外部成本影响能源生产者或消费者的决策，实现经济、能源和环境间的协调发展成为亟待解决的问题（傅京燕，2006）。环境规制下能源供给结构优化发展是受多因素影响的复杂过程，其研究视角也多种多样。能源供给结构优化程度及效率，分别从进度和量度视角诠释了能源供给结构优化水平。本章将明晰环境规制下中国能源供给结构优化的研究关系与研究框架，为能源供给结构优化程度及效率的深入研究奠定基础。

2.1　中国能源供给结构优化内涵的界定及特性分析

2.1.1　能源供给结构优化内涵

《能源百科全书》对能源的定义是：可以直接或经转换提供人类所需的光、热、动力等任一形式能量的载能体资源。《现代汉语词典》则认为能源是能量的来源，是指可以取得能量以转换为人们所需要的热、光、动力、电力等的自然资源。能源的种类繁多，分类方法也多种多样。按照形成来源分类可分为：太阳辐射能（太阳能、煤、石油、天然气、水能、风能等）、地球内部能（核能、地热能）、天体引力能（潮汐能）。按照开发利用状况可分为：常规能源（煤、石油、天然气、水能、生物能等）和新能源（核能、地热能、海洋能、太阳能、风能等）。按照转换传递过程可分为：一次能源和二次能源。其中，一次能源还分为可再生能源（太阳能、风能、潮汐能、地热能等）和非可再生能源（原煤、原油、天然气、核能等）；二次能源由一次能源加工转换后得到，又可以分为过程性能源（火电、水电、核电等）和含能体能源（汽油、柴油、煤气等）。

能源结构直接影响国民经济中各部门的能源使用，可以有效地反映出一个国家的人民生活水平，合理的能源结构是指不以牺牲经济发展、减缓经济增长作为代价来实现低碳目标，也是保障国家能源安全的重要前提。中国的专家学者对能源结构较为统一的定义为：在确定的时间、地区内，能源供给与需求双方中不可再生的一次能源与二次能源分别占能源供需总量的比例关系。能源结构的调整与优化是国家能源发展所要解决的重要问题之一（曹静等，2018）。

"十二五"以来，为实现能源结构优化发展，中国政府采取了系列政策措施，并制定能源战略发展基本内容：坚持节约优先、立足国内、多元发展、依靠科技、保护环境、加强国际互利合作，努力构筑稳定、经济、清洁、安全的能源供应体系，以能源的可持续发展支持经济社会的可持续发展。中国共产党第十七次全国代表大会更是提出了，要加快转变发展方式，在优化结构、提高效益、降低消耗、保护环境的基础上，实现人均国内生产总值到 2020 年比 2000年翻两番的目标。这一系列政策措施的实施效果如何，成为本书研究重点。

本书在能源供给结构优化政策不断出台并实施的背景下，从"进度"和"量度"视角研究政策实施以来中国能源供给结构优化发展情况。定义能源供给结构优化是现行能源供应体系发展政策全面实施效果的体现。从政策实施效果的程度和效率角度出发，有利于准确度量能源供给结构优化相关政策实施的效果。本书从供给角度出发，选取中国各省域（不包含我国港澳台地区）作为研究对象，认为能源供给结构优化研究，是针对国家优化能源供给结构出台相应政策措施的实施情况展开的研究。研究中国现行能源供给结构优化政策制定及实施水平，评价中国能源供给结构优化程度、测度能源供给结构优化效率，从多方位把握中国能源供给结构优化情况不仅为能源的合理开采、分配提供有价值的参考，而且为进一步探讨环境规制下中国能源供给结构优化提供有力保障。

2.1.2 中国能源供给结构优化特征

中国能源供给主要涉及原煤、原油、天然气以及水电、风电、核电等一次电力。2009～2018 年各一次能源占能源生产总量的比重如图 2.1 所示。随着能源体制改革的深入推进，中国能源供给模式逐步呈现低碳化、智能化、市场化等新特征，这些新特征可以推动清洁能源占比的增加，挖掘企业降低成本提高效率的潜力，提供更多能源消费的选择路径，促使中国能源供给结构优化发展。

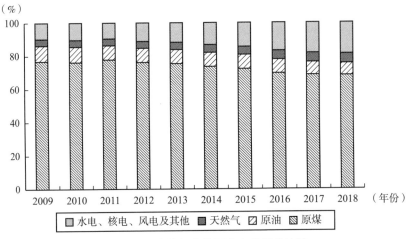

图 2.1　一次能源占能源生产总量的比重

资料来源：《中国能源统计年鉴》。

中国当前能源供给结构优化的突出问题是原煤供给占比较高、石油和天然气的对外依存度偏高。中国正努力从以原煤为主的能源供给结构向清洁、低碳、多元化趋势发展。2000～2018 年中国主要能源供给情况如表 2.1 所示。

表 2.1　　　　　2000～2018 年中国主要能源供给量占供给总量的比重　　　单位：%

年份	原煤	原油	天然气	一次电力及其他能源
2000	72.9	16.8	2.6	7.7
2001	72.6	15.9	2.7	8.8
2002	73.1	15.3	2.8	8.8
2003	75.7	13.6	2.6	8.1
2004	76.7	12.2	2.7	8.4
2005	77.4	11.3	2.9	8.4
2006	77.5	10.8	3.2	8.5
2007	77.8	10.1	3.5	8.6
2008	76.8	9.8	3.9	9.5
2009	76.8	9.4	4.0	9.8
2010	76.2	9.3	4.1	10.4
2011	77.8	8.5	4.1	9.6
2012	76.2	8.5	4.1	11.2
2013	75.4	8.5	4.4	11.8
2014	73.6	8.4	4.7	13.3
2015	72.2	8.5	4.8	14.5
2016	69.6	8.2	5.3	16.9
2017	68.6	7.6	5.5	18.3
2018	68.3	7.2	5.7	18.8

资料来源：《中国能源统计年鉴》。

"十三五"以来，中国努力改善能源供给结构，推动清洁能源发展。天然气和一次电力供给占比不断提高，并且有继续攀升趋势。2018 年，中国一次能源生产总量为 37.7 亿吨标准煤，其中，原煤占比 68.3%、原油占比7.2%、天然气占比 5.7%、一次电力及其他能源占比 18.8%。从电力供给结构来看，近年来，电源结构持续优化，2018 年，煤电发电量 4.5×10^{12} 千瓦时，占全口径发电比重的 63.7%，燃煤火电装机占比下降至 60%；发电装机容量 1.9×10^{9} 千瓦，其中，火电占比 60.2%，新能源占比 39.8%。截至2018 年，中国原煤比例明显下降，但是从能源供给结构优化角度来看，清洁能源和可再生能源的供给比例还需继续增加。

原煤方面，2000 年以来中国原煤供给量占能源供给总量的比重总体呈现先上升后下降的趋势，2003 ~ 2013 年原煤供给在较高比例上相对稳定，并在最高时期达到 77.8%。"十二五"以来，中国尝试改变过高原煤比例的能源供给结构，并在 2013 年后原煤供给比例明显下降。

原油方面，2000 年以来中国原油供给量占能源供给总量的比重总体呈现下降趋势，除 2015 年以外，原油供给比重均逐年降低，并从 2000 年的16.8% 下降到 2018 年的 7.2%，其中 2003 年、2004 年降幅均达到 10% 以上。

天然气方面，2000 年以来虽然中国天然气供给量占比在能源供给各能源中最低，但是天然气供给量占能源供给总量的比重总体呈现上升趋势。其中，2003 年略有下降、2010 ~ 2013 年保持稳定不变，其余年份天然气比重均逐年上升，发展态势较好。

清洁能源方面，2000 年以来虽然中国一次电力及其他能源供给量占比在能源供给各能源中相对偏低，但是该项供给量占比总体呈现上升趋势，2009 年后一次电力及其他能源供给量占比开始反超原油供给占比，并在2018 年达到 18.8%，比 2000 年增长 144%。至此，一次电力已成为中国能源供给的主要来源之一，未来发展潜力巨大，一次电力等清洁能源发展前景良好。

2004 ~ 2018 年中国主要能源供给结构如图 2.2 所示。现阶段虽然中国原煤供给量占比有所减低，但是仍然无法摆脱以原煤供给为主的能源供给结构；原油占比的降低以及天然气和一次电力占比的提升，为中国未来能源供给的稳定发展奠定基础。

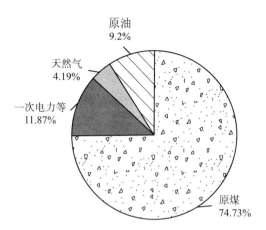

原油
9.2%

天然气
4.19%

一次电力等
11.87%

原煤
74.73%

图 2.2　中国主要能源供给结构

资料来源：根据《中国能源统计年鉴》数据计算获得。

　　《能源发展战略行动计划（2014—2020 年）》提出后，中国政府试图通过一次能源供给结构优化达到减少碳排放的目的。降低原煤供给比例，提高天然气供给比例，加大风电、地热能、太阳能等可再生能源发展力度，安全发展核电能源，是中国能源供给结构优化的主要途径。"十三五"期间，中国清洁能源发展越来越受重视，供给量占比不断提高，清洁能源投资市场稳步上升。中国政府从水电开发及外送、新能源开发布局调整、沿海核电建设、智能电网建设、电力市场体系完善等方面做出努力，为能源供给结构优化奠定基础。截至 2018 年，中国非化石能源占一次能源供给比重已达到 18.8%，天然气供给比重达到 5.7%，原煤供给比重已控制在 70% 以下。2018 年，中国正处于原煤、油气、非化石能源供给比例约为 6.8∶1.3∶1.9 的能源结构优化期，到 2050 年以前，中国将经历从能源结构优化期到能源领域变革期，再到能源革命定型期的转变。而在经济发展过程中，中国短期内很难摆脱能源资源配置与能源供给效率较低、能源供给过程中污染过重、碳排放强度过高等问题。为实现中国能源发展战略目标，中国政府在新能源开发、技术创新研发等方面需要增加投入，提高能源供给效率。从能源供给主体结构优化、产业结构优化、产品结构优化、动力结构优化等角度实现能源供给结构整体优化目标。但是受制度、资源、技术等多方面因素限制，中国能源供给结构优化面临巨大阻碍。

首先，是能源制度阻碍。目前中国存在能源发展理念陈旧、产权保护力度不足、市场组织作用弱等问题。造成这些问题的本质原因是缺少适宜的能源制度，从根本上阻碍了中国能源供给结构优化发展。不适宜的能源制度直接阻碍了能源供给结构优化，进而造成了能源供给缺乏动力、能源供给技术发展缓慢等影响。"十三五"以来，中国在政府层面上已经意识到能源绿色发展、协调发展、保护发展、高效发展、创新发展以及长远发展的重要性，在政策制定上，不断完善《能源法》《煤炭法》《电力法》《节约能源法》《可再生能源法》等能源法律法规。但是，在对企业成本核算、责任落实、产权界定等方面仍然不够完善，在法律上没有充分保护能源资源、能源技术等产权以及各种类能源企业的平等地位。在市场方面，中国政府存在对能源进行管理的部门多、干预范围广、实施的权力大等问题，且能源企业行业间垄断严重，能源资源市场难以发挥优化配置作用，致使中国市场存在能源资源错配、能源价格偏差等现象。

其次，是能源资源阻碍。中国能源资源储备的短缺阻碍了中国能源供给结构优化发展的步伐，原油资源、天然气资源的稀缺，阻碍了中国能源产业结构、区域结构、产品结构的优化。作为贫油国家，中国原油储备量仅占世界总量的2.3%，且质量不理想，人均原油储存量更是堪忧。虽然原油探明可开采量持续增长，但是与中国高速增长的需求相比，原油的稀缺性愈发严重。与原煤、原油资源相比，天然气资源相对清洁且廉价，促使中国对天然气的供给量稳定增长。但是，中国天然气探明可开采量明显不足，天然气资源对外依存度上升，成为相当紧缺资源。随着能源资源开采、生产等技术的进步，中国的油、气资源探明储量与产量虽然也随之增长，但是并不足以缓解油、气资源相对短缺的情况，能源资源的短缺大大阻碍了中国能源供给结构优化步伐。

最后，是能源技术阻碍。能源开采、生产、输送方面的技术进步可以有效提高能源供给效率、提升能源供给质量，而中国能源技术发展缓慢也是阻碍能源供给结构优化的重要因素。能源的技术进步主要体现在技术创新与技术应用两个方面。由于能源技术创新存在投资大、风险高、见效慢等特点，导致技术创新的内部动力严重不足，能源技术创新发展迟缓。另外较高的垄断程度降低了企业能源技术创新的外部压力，在这种背景下，中国长期处于以外来技术引进为主，而能源自主技术创新薄弱的状态。近几年才有所好转的能源自主技术创新还不足以满足能源资源利用在发展过程中的需求。在技术应用方面，技术的研发与应用间存在时滞性，新技术无法准时、精准地应用于能源供给过程中，在建项目无法与新技术相匹配，引起低技术含量能源项目过多重复建设，引起低效能源供给过剩，严重阻碍了中国能源供给结构优化发展步伐。

2.2 环境规制的相关理论

2.2.1 环境规制内涵的界定

"环境规制"一词出现初期，被定义为政府以非市场途径对环境资源利用的直接干预，内容包括禁令、非市场转让性的许可证制等。早期的环境规制特征是规制主体及客体均为国家，标准的制定和执行由当局政府独立完成，而市场和企业在政府的行政管制下没有任何自主权，此时对环境规制的认识仅局限于通过命令控制型规制工具的运用来实现保护环境的目的。

规制的本质属性在于其"约束性"，随着环境、资源市场的深入发展，忽视市场调节的政府主导型环境规制弊端凸显，环境税、环境补贴、排污费制度等激励手段陆续出现。这些经济、市场激励手段具有环境规制的功能，但是在早期的定义中，并未将其列入环境规制范畴。因此，学者们从规制工具角度着手对早期环境规制定义进行修改和完善。环境规制第一次修改的定义为：政府对环境资源利用直接和间接的干预，外延上除行政法规主导的命令控制型环境规制外，还包括经济手段和利用市场机制政策等。

20 世纪 90 年代后，生态标签、自愿协议、环境认证等手段的实施，使学者们产生困惑，并进行反思和探讨，指出第一次修改后的环境规制含义仍然不完美。因此，学者们再次修改了环境规制的含义，其外延在命令控制型环境规制、市场激励型环境规制基础上，又增加了自愿型环境规制。

随着研究的深入，学者们发现，环保意识具有环境规制的功能，但是原有环境规制概念却未将其划入范畴，基于此，赵玉民（2009）等突破约束，以使环境规制适应现实需求为目标，将环境规制分为显性环境规制和隐性环境规制，对环境规制进行新的阐释：环境规制是以环境保护为目的、个体或组织为对象、有形制度或无形意识为存在形式的一种约束性力量。田翠香和孙晓婷（2017）认为环境规制根据政策工具的强制程度可分为直接规制、经济工具和"软"手段。

通过对已有研究关于环境规制定义的总结发现，环境规制是社会性规制的重要组成部分，其含义的基本组成要素包括：目标、主体、对象、性质和工具。学者们参考社会实际发展情况，对环境规制内涵进行不断修改，具体内涵扩展趋势如图 2.3 所示。

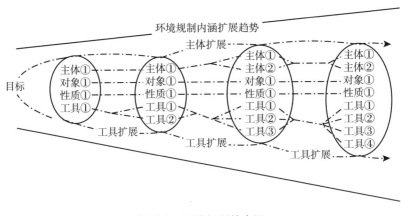

图 2.3　环境规制的内涵

注：性质①为约束性；对象①为个人和组织；主体①为国家，主体②为企业、产业、协会等；工具①为命令控制型，工具②为市场激励型，工具③为自愿性环境规制；工具④为隐性环境规制。

环境规制是通过环境破坏负外部性的减少，达到环境保护的目的，其最终目标是实现环境保护与社会福利协调发展；环境规制主体经历了从国家到国家、企业、产业协会等的扩展过程；环境规制对象主要是个人和组织；环境规制是社会性规制和经济性规制的结合体，其主要性质是"约束性"；随着概念的扩展，环境规制的工具不再是单一的命令控制型，而是包含命令控制型、市场激励型和自愿型等多种类型的环境规制。综上所述，环境规制是指为实现经济效益和环境发展"双赢"，由相应主体制定的相关政策、措施，通过直接和间接的规制手段实现的，对规制对象实行的约束或干预，从而克服环境污染的负外部性，使环境成本内部化的政策及措施的总和。

2.2.2 环境规制的理论基础

2.2.2.1 外部性理论

20 世纪英国"剑桥学派"创始人马歇尔最早提出外部经济概念，庇古和科斯等在此基础上对外部性理论进行了完善，认为外部性是一种经济行为对另一种经济行为的"非市场性"的影响。外部性是指某经济主体在进行相关经济活动时，对其他经济主体的福利产生有利或者不利的影响，而这种影响带来的利益或损失经济主体本身无法得到或承担。由于外部性原因，使各经济主体的边际成本与社会总成本间存在差距，从而导致市场调节失灵，帕累托最优产生偏差。

根据外部性的影响方向，可将其分为正外部性和负外部性。能源供给过程中，对环境的影响主要在于负外部性的存在。当经济主体在使用资源的过程中给其他经济体带来了不利影响或额外损失，而受影响方又无法得到相应补偿，即产生了负外部性。市场经济条件下的理性经济人失去了社会道德和公众意识的约束，给环境资源可持续发展造成压力。在此背景下，为消除因环境负外部性存在带来的负面影响，学者们研究环境规制，以期弥补市场条件机制失灵造成的环境破坏，让资源消费者承担相应的责任。

2.2.2.2 公共物品理论

萨缪尔森首次提出公共物品的定义："每个人对这种物品的消费都不会导致其他人对该物品消费的减少"（Samuelson，1954），如空气、灯塔、国防等。公共物品具有非竞争性和非排他性特点。非竞争性是指不同消费者对公共物品的消费并不冲突，即在给定的生产水平下，为其他消费者提供同一物品的边际成本为零。非排他性是指某人在消费一种公共物品时，无法排除其他人也同时消费这一物品（不论他们是否付费），或者排除的成本很高。

从经济学角度来看，环境资源同样具有非竞争性和非排他性的特征。因此，可将其视为一种公共物品。环境资源是向整个社会共同提供的，因其具有不可分割的特性使得产权归属难以界定。如果单纯依靠市场机制，在环境资源利用和经济主体利益最大化出现矛盾时，一些经济主体为追求利益最大化往往以牺牲环境为代价，环境资源配置出现无效率，最终损害了社会的整体福利水平。环境资源作为公共物品使各经济主体忽视环境资源的破坏对他人利益产生的影响，最终导致严重的环境污染和生态恶化。这种情况下，就需要政府利用环境规制进行干预。关于环境规制的研究目前仍处于不断系统完善的阶段，张宏凤和张细松（2012）等构建环境规制理论体系，对环境规制的动因、目标、变革、工具以及有效性等问题做了系统研究，为环境规制理论体系的进一步发展和完善奠定了基础。从环境规制的实践来看，政府环境规制已经对经济主体的行为产生了深刻的影响。

2.2.2.3 稀缺性理论

稀缺性是指特定时间、空间内所拥有的资源不足以满足消费者的欲望，即资源的有限性相对于欲望增长的无限性是稀缺的。西方经济学认为，资源的稀缺性会引发竞争，在市场经济条件下良性竞争可以促进资源的最优化配置，进而降低资源稀缺对经济造成的限制。从稀缺原因角度上，可将稀缺性分为物质稀缺性和经济稀缺性两类。物质稀缺性是指资源本身的绝对数量较少，足以满足人类相当长时间的发展。经济稀缺性是指资源本身的数量足够满足人类相当长时间的发展，但是受技术、投入产出成本等因素的限制，使资源的获取量严重不足。

环境资源在人类发展过程中，起着至关重要的作用，它为人类活动提供原料来源的同时，承载着因人类活动产生的污染物，为人类资源的供给和污染的净化提供可能。环境资源在一定时间、空间范围内，不足以同时满足所有人对生活、生产的全部需求，致使环境资源的多元价值得到认可，环境功能的稀缺性得以显现。尽管人类为减少环境资源的消耗，正在努力通过科学发展和技术创新来提高资源的利用效率，但是环境资源自身阈值一旦触碰，人类将无法承受因环境资源破坏而带来的后果。因此，学者们探索通过何种方式实现环境资源的合理利用，并逐渐形成了针对环境规制手段的研究。

2.2.2.4 规制经济理论

环境规制理论是在规制经济学的理论基础上产生的。规制经济学是 20 世纪 70 年代产生的，用以研究政府对市场经济主体活动的各种规定和限制行为的理论。规制经济学在演变和发展的过程中，较有代表性的理论包括：公共利益规制理论、规制俘获理论、规制经济理论等。其中，公共利益规制理论和规制俘虏理论都称不上是真正的理论，而仅仅是一种假设和对规制经验的一种陈述（肖兴志，2002），规制经济理论则阐释了规制实践过程中对产业规制及放松规制的原因。诺贝尔经济学奖获得者斯蒂格勒（Stigler，1971）在《经济规制论》中首次运用经济学的基本范畴和标准分析方法来分析规制的产生，开创了规制经济理论，构筑了现代规制经济学研究的基本体系。该理论解释了规制活动的实践过程，是规制目标理论的巨大进步。在此基础上，佩尔兹曼（Peltzman，1976）和贝克尔（Becker，1983）分别对规制经济理论进行了发展和完善，使该理论在分析和研究政府规制行为、方式及目标等方面都有长足进步。

规制经济理论的主要模型包括斯蒂格勒模型、佩尔兹曼模型和贝克尔模型等。其中，斯蒂格勒模型假设规制由规制供给和规制需求共同决定，由于生产者的同质性比消费者多，组织成本更少，因此生产者对规制的影响较消费者大，规制结果最终会对生产者更加有利。佩尔兹曼模型以产业受规制影响程度为研究重点，指出受规制影响较大的两类产业是：一个是具有竞争关系的产业，对竞争性产业进行规制会使另一方受益；另一个是具有相对垄断性的产业，对垄断产业进行规制会使消费者受益。贝克尔模型认为规制可以使能力更强的利益集团获得更高的福利，规制的效果取决于各集团间的博弈情况，当因规制所产生的边际净损失开始增加时，规制活动会相应减少。

规制经济理论的发展为市场经济条件下政府的干预、调节提供了理论依据。随着学者们对规制经济的研究和市场经济的发展变化，规制经济理论不断被补充与完善，逐渐形成规制经济体系。

2.2.3　环境规制的工具

环境规制的工具是为实现环境规制体系的正常运用提供的政策、技术手段，是环境规制方法体系的重要组成部分。本书借鉴经济合作与发展组织及赵玉民等人的研究，将环境规制的工具分为：命令控制型、市场激励型、自愿性环境规制和隐性环境规制。

2.2.3.1　命令控制型环境规制工具

命令控制型环境规制工具是指为达到改善环境的目的，环境管理相关部门按照立法或行政部门制定的相关法律、法规、政策等对排污企业进行相应管理和处罚所对应的一种政策工具。

命令控制型环境规制工具的主要作用是确定企业需要遵守的标准和规范、规定企业必须采用的技术等。根据发生阶段可以将命令控制型环境规制工具分为事前控制、事中控制和事后控制三个阶段。事前控制是在污染实行之前采取的以预防为主的措施，包括环境分类管理制度、"三同时"制度等。事中控制是在生产者进行排污过程中，利用相关反馈信息对排污行为进行控制的措施，包括排污许可证制度和环境质量标准等。事后控制是在污染行为发生后，通过控制程序进行问题改正的措施，包括关停并转、限期治理等。

命令控制型环境规制工具的主要特征是排污企业没有选择权，如不遵守规章制度，将会面临严厉的处罚。通过这类工具能使环境业绩得到迅速的改善，且改善效果便于估计，但是，该规制工具对于政府来说，具有较高的监管要求、具有较高的执行成本。该规制工具对于企业来说，过于刚性，会损害企业效率，抑制企业对技术创新的积极性。

在环境规制各工具中，命令控制型环境规制被采用得最早，应用也最为广泛，为环境的改善作出有力贡献。中国颁布的环境保护法、环境影响评价制度、"三同时"制度、排污许可制度、关停并转迁制度等都属于命令控制型环境规制工具。

2.2.3.2 市场激励型环境规制工具

市场激励型环境规制工具是指以市场环境为基准，借助市场信号采用排污税、押金退还、交易许可证等手段引导排污企业控制污染排放，使排污企业追求利益的同时，做到合理利用资源，进而使整体污染状况趋于受控的一种制度工具。

市场激励型环境规制工具主要有排污税费制度、可交易许可制度、产品税费、环境税费以及补贴政策等。

与命令控制型环境规制相比，市场激励型环境规制工具虽然存在规制效果不明显、企业反映具有时滞性等不足。但是，这类工具可以使企业获得一定的选择和行动自由，激励企业污染控制技术的进步，提高企业污染控制效率。

市场激励型环境规制工具的实施，对于督促企业污染治理、完善环境保护体系起到了积极有效的作用。但是，由于相关法律、法规、监管等不完善的原因，导致中国这类工具的实施机制存在缺陷，实施效果还有待提高，中国还需要总结其他国家相关经验加快完善本国的交易市场激励措施。

2.2.3.3 自愿性环境规制

自愿性环境规制工具是指为限制排污企业对环境的破坏，由排污企业自身、行业协会或其他主体所提出的，对环境保护做出的相关承诺、计划、协议等行为。对于以上行为排污企业可以自愿选择是否参与。

自愿性环境规制工具主要分为三种形式。一是排污企业或整个行业与当局政府之间谈判达成双边协议；二是排污企业或整体行业发起的倡导或承诺；三是政府设计、提出的，排污企业或整个行业自愿参与的非强制性环境规制计划。

生态标签、环境审计、环境认证、环境协议等均属于自愿性环境规制工具。由于自愿性环境规制强调的是排污企业、整个行业的主动性和主导作用，而非政府主导，其作用基础是排污企业自愿执行，因此，自愿性环境规制工具不具有强制约束性。

2.2.3.4 隐性环境规制

隐性环境规制工具是指借助存在于社会经济主体内的环保思想、环保理念、环保认知以及环保态度等无形意识形成的，对环境问题的学习、反思、教育以及奖惩机制等。

隐性环境规制工具的特点是看不见、摸不着、以无形的形式存在，但其作用却是无处不在，随时起到规制作用的工具。隐性环境规制工具主要通过三种形式发挥作用。一是直接模式。通过个体或组织行为对其他个体或组织进行的直接引导、调整和规范。二是集体行为模式。通过抗议、协商等集体行为实现环境保护意识的辐射效应。三是组织行为模式。通过建立具有监督、环保功能的组织带动环境保护的实施。隐性环境规制从行政、经济、教育、科研、立法等多方面对环境发展产生影响，对环境的持续发展起到无形的规制作用。

2.2.4　环境规制体系

缺少环境规制的市场，经济主体对于其产生的负面影响并不需要付出成本代价，导致环境市场失灵。经济学中的理性人会在成本不变的情况下寻求利益最大化，对资源环境进行最大利用，致使环境承载不断提高，对生态环境造成严重威胁。在这种背景下，以社会效益最优化为目标，建立环境规制体系，对市场整体进行调节，可以有效缓解环境市场失灵。

随着环境规制体系的完善，环境规制在中国形成了政府、市场、公众共同监督的规制体系。本书借鉴陈德敏和张瑞的研究，将环境规制分为四类，分别为环境规制方法体系、环境规制法律体系、环境规制支撑体系及环境规制监督体系（陈德敏和张瑞，2012）。第一，环境规制方法体系是由命令控制型、市场激励型、自愿性规制、隐性规制等环境规制工具组成的，为环境规制提供途径并不断完善规制工具的系统。第二，环境规制法律体系是指当局政府借助自身权力，通过法律、法规等途径确定环境规制主体的责任、权利、义务及利益的范围及尺度的，可以体现国家或地区环境管理水平的系统。第三，环境规制支撑体系是对实现环境保护采取的技术支撑系统。广义的环境规制支撑体系还包括金融、宏观政策环境、环保机构设置等与环境规制相配套和协调的因素。第四，环境规制监督体系分为政府的监督与公众的监督两部分，研究中为与环境规制法律体系充分区分，此处的重点主要是公众对环保执法及排污企业监督的外部力量。

环境规制体系通过各部门间相互作用实现体系的整体运作，具体如图 2.4 所示。该体系的完善和发展，有利于控制企业行为的规范，为考虑环境成本下的市场经济的深入发展奠定基础。

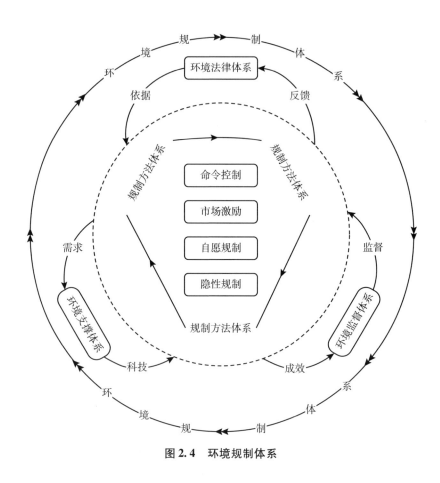

图 2.4　环境规制体系

2.3　环境规制下中国能源供给结构优化研究的基本理论

2.3.1　环境规制下中国能源供给结构优化的内涵

能源供给结构优化研究是针对优化能源供给结构出台相应政策措施的

实施情况展开的研究。在世界能源格局深入调整背景下，为实现中国《能源发展战略行动计划（2014—2020 年)》的目标，中国政府从高效开发煤炭清洁、稳步提高石油产量、大力发展天然气、积极发展能源替代、着重提高清洁能源占比、大力发展可再生能源等方面作出努力，将工作重心转移到发展能源质量、提高能源效率上，加速落实供给侧结构性改革。中国经济和社会在"十二五"时期经历了重大转型，这期间，面对以原煤为主的能源供给结构以及不断增长的能源供给总量现状，需要严格控制原煤、原油等能源供给量的过度扩张，最大程度降低高碳能源供给比重。"十三五"时期是推动能源供给结构优化的加速期，该时期非化石能源和天然气增量预计达到原煤增量的 3 倍以上，清洁能源供给增量占总增量的 68% 以上，使清洁低碳能源成为能源供给增量的主体，进而实现能源供给结构优化。林伯强和李江龙（2015）等认为环境治理会倒逼能源结构加速变化，在环境治理条件下的能源战略调整，更体现在对一次能源结构的影响上。

环境规制下中国能源供给结构优化是以"能源 – 社会 – 经济 – 环境"协调发展为目标，通过有形制度或无形意识对环境污染行为进行约束，促使中国能源供应体系良性发展相关政策全面、有效实施的情况，最终达到能源持续有效供给、环境资源保护、社会经济进步的目的。"十三五"时期中国着力推动能源供给方式变革，努力建设清洁低碳、安全高效的现代能源体系。为了贯彻落实创新、协调、绿色、开放、共享的发展理念，中国政府不断完善环境规制工具，制定《能源发展战略行动计划（2014—2020 年)》，将有形的或无形的环境约束作用到能源供给结构优化中，通过能源供给体系升级、能源科学技术创新、能源多元供给体系的建立，实现常规化石能源供给结构的优化以及能源、社会、经济、环境间的协调可持续的发展，从政策、技术、体系等推动能源供给结构优化革命的完成。

2.3.2 环境规制下中国能源供给结构优化的研究框架及内容关系

环境规制下中国能源供给结构优化研究是在环境问题逐渐凸显、环境污染约束强度不断加强背景下，针对国家优化能源供给结构出台相应政策措施的实施效果进行的研究。"十三五"以来，中国能源供给革命进入重要阶段，想准确度量中国能源供给结构优化政策实施的效果，首先，要准确评价中国能源供给结构优化程度，科学选取中国能源供给结构优化程度的评价指标、精确度量各评价指标对中国能源供给结构优化程度的影响权重，根据评价指标对中国能源供给结构优化的作用情况，科学评价中国能源供给结构优化程度。其次，要精准测度中国能源供给结构优化效率，确定中国能源供给结构优化过程中的投入产出指标，根据政策实施以来的投入、产出情况，准确测度中国能源供给结构优化效率。最后，明晰中国能源供给结构优化发展趋势及路径，为中国能源供给结构的进一步优化提供有力保障。

"进度"是进展的程度，能源供给结构优化的进度是能源供给结构优化发展的进展程度，即能源供给结构优化程度；"量度"是确定或估算数量间的比例关系，能源供给结构优化的量度是能源供给结构优化发展过程中的投入产出比例关系，即能源供给结构优化效率。本书将在中国环境规制条件不断加强的背景下以"基础研究—优化进度—优化量度—发展趋势—发展路径"为主要脉络进行研究。中国能源供给结构优化特征及外部背景是研究的基础。中国能源供给结构优化程度评价和中国能源供给结构优化效率研究分别从"进度"和"量度"两个维度诠释中国能源供给结构优化水平，能源供给结构优化程度可以体现能源供给结构优化的现有水平，而能源供给结构优化效率则可以体现未来能源供给结构优化水平的提升空间，中国能源供给结构优化从进度到量度的研究，具有一定的关联性和递进性。在此基础上，加入时间和空间维度对中国能源供给结构优化程度和效率进行发展趋势研究，并分析中国能源供给结构优化路径，为中国能源供给结构优化对策的提出奠定基础。具体如图 2.5 所示。

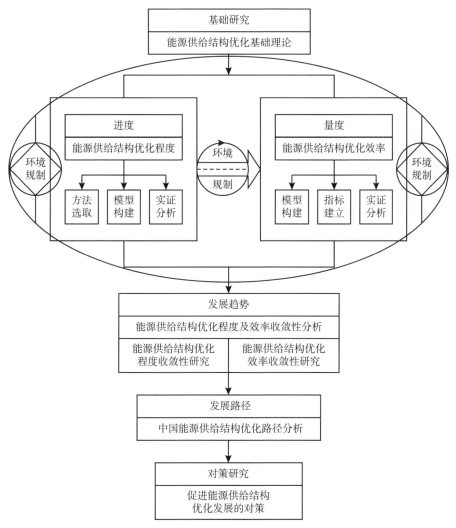

图 2.5　环境规制下能源供给结构优化研究框架

2.3.2.1　基础研究

中国能源供给结构优化发展过程中有许多复杂的问题需要加以研究，其中，影响能源供给结构优化的外部环境分析是最为基础的理论问题，中国能源供给结构优化环境不仅决定了中国能源供给结构优化现状及特征，而且影响未来中国能源供给结构优化发展进程。因此，把握中国能源供给结构现状、明晰中国能源供给结构优化特征，是中国能源供给结构优化研究的基础。

2.3.2.2 优化进度

能源供给结构优化程度从进度视角诠释了能源供给结构优化水平，是能源供给结构优化现有水平的体现。中国能源供给结构优化程度需要多种评价指标经过科学演化、测算获得。诸评价指标对能源供给结构优化程度的影响存在一定的客观差别，必须厘清诸评价指标对中国能源供给结构优化程度影响权重。在此基础上，采用科学、准确的方法构建中国能源供给结构优化程度评价模型，客观、公正地评价中国各地区能源供给结构优化程度，有利于明晰中国各地区能源供给结构优化发展现状。

2.3.2.3 优化量度

能源供给结构优化效率从量度视角诠释了能源供给结构优化水平，是能源供给结构优化未来提升空间的体现。在明晰中国各地区能源供给结构优化现状的基础上，进一步研究其未来发展空间，科学测度中国能源供给结构优化效率，为未来提升中国能源供给结构优化发展水平提供依据。

2.3.2.4 发展趋势

采用科学方法研究测度中国能源供给结构优化程度及效率，有利于发现中国能源供给结构优化发展的特征及地区性优势。用科学方法探索中国及各地区能源供给结构优化程度和效率的收敛性及演化趋势，可以真实、准确地反映中国整体及各地区能源供给结构优化程度和优化效率的演化趋势，为实现中国能源发展目标、推动地区能源协调发展提供决策依据。从地区差异入手，了解各地区在过去一段时间的能源供给结构优化程度及效率，准确展现了中国整体及各地区能源供给结构优化水平，为中国能源供给结构优化发展提供理论依据。

2.3.2.5　发展路径

明确中国能源供给结构优化发展路径，是能源供给结构优化研究的重要一步。明晰相关因素对中国能源供给结构优化发展影响的作用机理，厘清中国能源供给结构优化路径，有助于抓住关键要素，并采取有效措施提高能源供给结构优化发展。

2.3.2.6　对策研究

在明晰中国各地区能源供给结构优化发展现状、中国各地区能源供给结构优化未来提升空间的基础上，从中国能源供给结构优化程度提高、中国能源供给结构优化效率提升和中国能源供给结构优化的影响因素调控角度出发，提出促进中国能源供给结构优化的对策。

2.3.3　环境规制对能源供给结构优化作用途径分析

环境规制对能源供给结构优化的作用不仅包括直接效应也包括间接效应。环境规制对能源供给结构优化的直接效应主要体现在环境规制过程中与能源供给结构优化相关的政策措施对能源供给结构优化产生的直接影响；环境规制对能源供给结构优化的间接效应则是环境规制通过一系列传导途径对能源供给结构优化产生的影响。环境规制对能源供给结构优化作用的最终效果由各种直接效应和间接效应的总和决定。环境规制政策工具的制定和实施直接影响环境规制对能源供给结构优化的作用效果，合理的环境规制政策工具的运用有助于实现"能源－环境－经济"间协调发展的多重目标，在环境规制对能源供给结构优化发生作用的过程中，各种直接和间接作用机制构成一个有机整体。

本书将从环境成本、技术水平、社会条件和经济情况四个传导途径入手，研究环境规制对能源供给结构优化的间接影响。综上所述，环境规制对能源供给结构优化作用分析框架如图 2.6 所示。

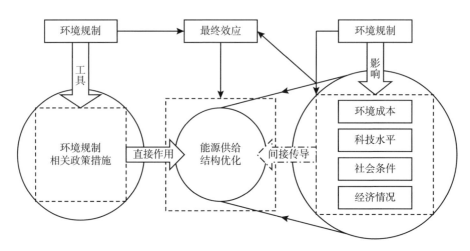

图 2.6　环境规制对能源供给结构优化的作用途径

（1）环境规制对环境成本的影响。环境规制通过影响环境成本间接作用于能源供给结构优化。政府宏观层面的环境成本是由于经济活动造成环境污染而使环境服务功能质量下降的代价。环境成本包括：环境保护支出和环境退化成本。为了实现环境规制的政策目标，随着环境规制的加强，地方政府需要付出更多的环境保护支出以及承担更大的环境退化成本。企业层面的环境成本是在生产活动中，从能源资源开采、生产、运输、处理直到供给末端的过程中，解决生态环境污染所需要的所有费用。根据生产阶段的不同，将企业的环境成本分为事前环境成本、事中环境成本和事后环境成本。事前环境成本包括环境保护工程中企业承担的部分以及为节约资源等做出的技术研发、建设等。事中环境成本包括耗减成本以及恶化成本。事后环境成本则包括恢复成本以及再生成本。由于环境规制强度的增加，导致企业相关费用也随之增加，继而使企业的环境成本增多。因此，不论是政府层面还是企业层面，环境规制力度与环境成本间均呈现正相关关系。

（2）环境规制对能源科技水平的影响。技术创新能力是科技水平的重要体现，环境规制通过技术创新作用间接影响能源供给结构优化。从短期角度来看，环境规制直接处罚力度的增强，大大削减了能源供给相关行业、企业的利润；同时，环境规制要求的增强，迫使地区、行业、企业等主体加大对排污、控污设备的购进，使能源供给主体的供给成本随之增加。利润的减少与成本的增加使得能源供给主体能够用于能源技术创新相关研发的资金受到影响，进而限制了能源技术创新的发展。从长期角度来看，一方面，能源供给相关行业、企业等主体为了追求长期利益的最大化，必然会从减少排污量和控制排污途径等方面考虑，以应对因环境规制条件增强带来的成本增长，进而促进了能源供给各主体通过能源技术创新达到环境规制标准。另一方面，环境规制强度的提高，建立在整个社会环境保护意识增强的基础上，这种大背景，促进了环境友好型能源产品的供给，为能源供给主体开展清洁能源技术创新提供外部动力。此外，环境规制强度的提高，使能源供给主体的准入标准随之提高，这有利于能源供给主体的新增资金向清洁技术研发流动，进而带动能源技术创新，促进能源供给相关技术进步。

（3）环境规制对社会条件的影响。产业结构、公众意识等因素是社会条件的重要指标，环境规制通过影响产业结构、公众意识间接影响能源供给结构优化。首先，环境规制增强了产业壁垒作用。环境规制标准的提高，增加了产业生产前期的投资成本直接影响生产行业的进入壁垒，加上环境规制限制在不同行业间产生的影响存在差异，这种影响往往有利于清洁生产企业发展，而不利于高能耗、高污染行业的发展，进而对整个国家或地区生产行业、企业数量、企业规模等造成影响，最终影响整体产业结构调整方向。其次，环境规制强化了产业退出机制。中国制定的环境规制政策中存在系列强制手段，用以遏制生产过程中的环境破坏，例如，对不符合排污、控污规定的行业企业执行关停并转迁政策等。在环境规制机制中，设立重污染行业企业的强制退出机制，有效利用环境倒逼机制推动国家或地区的产业结构优化升级步伐。再次，环境规制改变了产业转移方向。产业的转入、转出会影响国家或地区的产业结构，而环境规制实施过程中，会综合考虑合理选址、建造成本、生产成本、环境影响、转移可行性等因素，同时，因环境规制水平的差异带来的生产成本的差异也是企业建址的重要参考。因此，环境规制的增强会使高污染产业向环境规制程度较低的地区转移，进而影响地区产业结构。最后，环境规制对社会公众的环境保护意识产生影响。环境规制程度的加强，会对政府、社会、组织、个人等社会公众环境保护意识的提升产生促进，使社会公众积极进行环境保护活动，减少对污染品的消费，进而促进能源供给企业的技术进步。环境规制强度的增加，加速了公众节能、环保意识的提升，为能源供给结构优化发展奠定基础。

（4）环境规制对地区经济的影响。经济开放是地区经济发展的重要体现，经济开放程度的提高，为地区经济发展提供有力保障。外商直接投资可以有效衡量地区经济开放程度，环境规制通过外商直接投资对能源供给结构优化产生影响。首先，环境规制使政府对外商直接投资的引进政策产生影响。环境规制程度的加强，会使地方政府对外商直接投资"有选择的"引进，即倾向于引进环境保护型、能源节约型、技术清洁型的外商投资，而限制污染密集、粗放型的外商投资，进而影响地区产业结构。其次，地区间存在的环境规制强度差异对外商直接投资的选择方向产生影响。由于地区间能源环境协调发展存在异质性，因此各地区政府在环境规制政策上的考量及实施措施均有差异，而这些环境规制差异直接影响外商投资回报，是外商直接投资考虑的重要因素，进而影响外商直接投资方向。最后，环境规制强度的增加对企业污染行为产生有力约束，高污染型企业难以立足，影响地区外商直接投资类型，导致环境规制最终影响地区经济发展。

综上所述，环境规制通过环境成本、科技水平、社会条件和地区经济四个传导途径对能源供给结构优化产生重要作用。因此，在进行环境规制下能源供给结构优化研究时，亦需要将以上四个因素作为考量因素。

2.3.4　环境规制下能源供给结构优化程度

地球是人类生存的唯一载体及共同家园，地球环境的稳定，是人类生存的有力保障。能源作为地球上的重要资源以及人类发展的重要物质基础，其开发、利用的合理性及可持续性应该受到全球每一个国家及地区的重视。世界上许多国家和地区，面对人类生存环境的恶化和气候不断变暖已经采取了行动，从能源供给角度出发，以多样化、个性化的方式力求实现本国及本地区的优化发展。但是国家及地区的能源优化发展并不完全由国家及地区对能源发展的重视程度和努力程度决定，而是由环境、自然、社会、经济、科技等诸多因素共同影响，这些因素会导致国家及地区的能源供给结构优化发展水平形成显著差异。如何量化这些差异，通过差异分析找到能源供给结构优化发展出路，成为研究的重点。

"程度"亦可理解为标准、水平，用以形容人或事物发展达到的状况。能源供给结构优化程度是能源供给结构优化政策的实施水平，亦是特定条件下，能源供给结构优化发展所达到的状态和水平。能源开发利用过程中造成的环境破坏日益显现，加之受近年来极端天气的影响，使中国的环境承载能力接近上限，客观测度中国能源供给结构优化程度刻不容缓。以"能源供给结构优化"为研究主体，测度中国各地区能源供给结构优化程度，为缓解中国因能源资源开发利用而造成的环境破坏提供保障。为解决中国现有环境困境，促进中国能源供给多元化、能源结构清洁化、合理化发展，需要准确识别中国能源供给结构优化程度评价指标，建立科学的评价模型，对环境规制下中国各地区能源供给结构优化程度进行评价，以求客观、真实地反映各地区能源结构发展水平，为寻找优化中国能源供给结构的有效途径确定方向。

2.3.5 环境规制下能源供给结构优化效率

效率是用来衡量资源合理配置程度的指标，是描述生产资源使用情况的概念，经济学中效率实现的途径是资源配置的帕累托最优。从投入产出角度来看，当决策单元不以降低产出为代价就无法再进一步减少投入，或者不以增加投入为代价就无法再进一步增加产出时，我们称该经济体是有效率的。这样的效率可称为"生产效率"或"经济效率"。换而言之，效率就是在既定的产出水平下实现最小的成本，或者在既定的成本水平下实现最大的产出，即实现资源的最优化。

　　能源供给结构是以不同种类的能源生产量与能源总产量的占比来体现的(周德田和郭景刚，2013)。因此，深入研究能源供给结构，全方位把握能源供给情况，可为进一步探讨能源供需平衡提供有力保障。基于能源供给结构优化概念的阐述，本书定义能源供给结构优化效率是从供给角度出发，研究能源结构优化过程中的能源、劳动、资本等的投入与社会、经济等多方面的产出比率。环境规制下能源供给结构优化效率研究需要兼顾能源利用中的社会效益、经济效益和环境效益，是对"能源 – 社会 – 经济 – 环境"四维系统效率的综合度量。研究环境规制下中国能源供给结构优化效率，应该融合生态环境与能源供给双重内涵，既是以能源资源结构为重点的生态环境测度，又是基于环境约束下的能源优化效率水平评价。

　　环境规制下中国能源供给结构优化效率测度是在社会经济投入和特定环境、技术等条件下，测度最有效地利用能源资源供给以满足人类能源发展整体效益趋于合理愿望的评价方式。能源供给结构优化效率越低的地区，其未来能源供给结构优化可提升空间越大，因此，有效测度中国能源供给结构优化效率是准确预测各地区未来能源发展提升空间的有力保障。

2.4　本章小结

　　环境资源的负外部性和稀缺性特点，使其在能源研究中逐渐受到重视。本章阐述了中国能源供给结构优化特性及现状，通过相关概念及基础理论分析，确定了环境规制下能源供给结构优化的内涵，厘清了环境规制对能源供给结构优化的作用途径，明晰了环境规制下能源供给结构优化程度及效率的研究重点及关联，在此基础上，构建了环境规制下中国能源供给结构优化理论框架。

第 3 章

环境规制下中国能源供给结构优化程度评价

　　虽然中国能源资源品种齐全、总量丰富，但是与国际上一些资源丰富的国家相比，中国能源资源的产储比例仍然偏低，极大地制约了中国能源供给结构优化步伐。能源供给结构优化程度研究是多领域交叉的复杂过程，如何识别能源供给结构优化程度评价指标，建立科学、系统的评价指标体系及测度模型，是中国能源供给结构优化程度评价的基础。中国能源供给结构优化程度评价是从"进度"视角评价中国能源供给结构优化发展水平。中国能源在开发利用过程中造成的环境问题态势严峻，地区性灰霾天气的持续、硫氮混合型酸雨的产生成为生态环境发展的重大负担。为此，中国应积极促进能源供给结构多元化、合理化、清洁化发展。以科学的方法评价能源供给结构优化程度、寻找出优化中国能源供给结构的有效途径、解决现有环境困境，是未来中国能源发展的努力方向（孟超和胡健，2016）。因此，为了客观反映国家和地区对能源供给结构优化发展的重视程度及努力结果，从"进度"视角探索中国能源供给结构优化进展，必须进行中国整体及各地区的能源供给结构优化程度评价，为缩短地区性差异，提升中国整体能源供给结构优化水平提供依据。

3.1 中国能源供给结构优化程度评价指标的识别

3.1.1 评价指标识别的基本原理

随着科学的发展与研究的深入，能源可持续发展已成为融合社会、经济、环境、技术等多领域交叉的复杂研究。能源供给结构优化发展同样是一个复杂的过程，其发展、变化必然受到诸多因素共同作用。运用科学、合理的方法对能源供给结构优化程度相关因素进行分析，识别其有效评价指标，是研究环境规制下中国能源供给结构优化程度的基础。本节将利用词频分析法在关键词提取中的优势，识别环境规制下中国能源供给结构优化程度的评价指标。

词频（term frequency，TF）是一种用于情报检索与文本挖掘的常用加权技术，用以评估一个"词"对于一个文件或一个语料库中的一个领域文件集的重复程度，通俗来讲词频是某一特定词语在文件中出现的次数，通过一定方法将这一次数进行正规化，防止分析结果向长文件偏移。词频分析则是一种词汇分析方法，通过对特定长度文本的词频进行统计、分析，实现词汇规律的描绘。词频分析的出现为学术研究提供了新的方法和视野。

令 t_i 为特定文件中的词语，$n_{i,j}$ 为 t_i 在文件 d_j 中出现的次数，N_j 为在文件 d_j 中的总词语数，则词语 t_i 的词频 $TF = n_{i,j}/N_j$。但是，在中文文件中诸如"我们""的""地""得""因此"等词语虽然出现频率很高，却对于研究并无真正作用，因此，用 TF 来定义词频进行研究时，无法达到预计效果。需要引用逆向文件词频（inverse document frequency，IDF）用以度量特定词语的权重。特定词语的 IDF，可以通过总文件数除以包含该词语的文件数得到一个商值，再将这个商值取对数最终得到 IDF，即：IDF = lg（总文件数/出现特定词语的文件数）。最终测算特定词语词频的 TF-IDF 算法的计算公式为：$TF\text{-}IDF = TF \times IDF$。

3.1.2 评价指标识别范围的确定

本书在对中国能源供给结构优化程度的评价指标进行识别时，以中国知网为文献来源数据库，分别以能源结构、能源供给、能源优化、能源效率为主题词，选取 2014 ~ 2018 年五年间 SCI、CSSCI、CSCD、EI 来源期刊进行检索，并对上述文献进行文献互引网络分析，如图 3.1 所示。

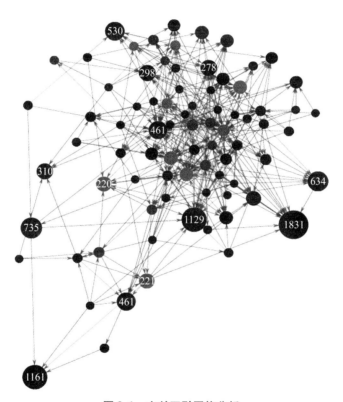

图 3.1　文献互引网络分析

根据文献互引网络分析结果，按共引率由高到低对文献进行排序，确定与能源供给结构优化程度研究内容贴合度较高的文献，并按共引率排序结果提取前 100 篇文献作为参考对象，对 100 篇文献进行进一步排查，剔除会议

期刊、征稿等，最终确定 91 篇有效文献，进行中国能源供给结构优化程度评
价指标的识别分析。

3.1.3 评价指标识别方法的应用

根据词频分析法的基本原理，对上文中文献互引网络分析所提取出的 91 篇
文献中所涉及的相关因素（即关键词）进行分析，测算关键词的 TF 值及 IDF
值，并运用 TF-IDF 算法测算关键词的词频，其关键词共现网络如图 3.2 所示。

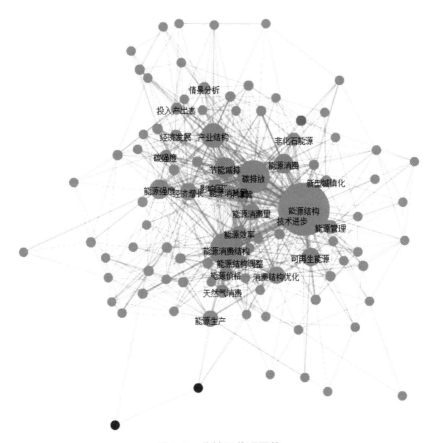

图 3.2　关键词共现网络

运用词频分析法对能源供给结构优化程度评价指标进行确定后，根据本书研究特点，对指标概念存在重复计量的关键词进行整合，并剔除数据不可获取因素对评价指标进行选取，最终确定中国能源供给结构优化程度的主要评价指标如下：一次能源资源储备量、城市化进程、教育水平（或公众意识）、就业情况、产业结构、经济发展、经济增长、经济开放、能源消费结构、能源投资、能源效率、三废排放、科技投入等。在对中国能源供给结构优化程度评价指标进行识别的基础上，将所识别出的主要评价指标进行拆分、重组，并归纳概括为：自然条件、社会条件、经济条件、能源规划、环境因素和科技水平等层面。

3.2 中国能源供给结构优化程度评价指标权重研究

3.2.1 能源供给结构优化程度评价指标体系的构建

3.2.1.1 能源供给结构优化程度评价指标体系的设计原则

准确选取能源供给结构优化程度评价指标，对能源供给结构优化程度评价结果的准确性有重要影响。构建能源供给结构优化程度评价指标体系，涉及社会、经济、能源、环境和技术等多方面因素，构建指标体系时，需遵循相应的原则，从而实现全面、综合、准确度量的目标。

（1）科学性原则。指标的设计需要以科学性为原则，客观、真实地反映能源供给结构优化情况，所选取指标需要具有代表性，可以科学、准确地衡量能源供给结构优化程度，避免指标信息的遗漏、指标概念的重叠、指标选取不真实等情况。运用科学的理论基础进行指标选取，能较真实地测算能源供给结构优化程度。

（2）可操作性原则。指标的设计需要具有可操作性强的特点，即具有便于获取、量化、比较、控制的特征。选取能源供给结构优化程度各指标前，需充分考虑所选取指标数据收集的可靠性和可获取性，选取有说服力、有代表性的综合指标和重点指标。遵循指标选取的可操作性原则，有利于能源供给结构优化程度准确测度的实现。

（3）完备性原则。指标的设计需要遵循完备性原则，要实现指标体系的完备性需要从全方位、多角度出发进行指标的选取，广泛收集备选指标，使其能够全面、综合地反映能源供给结构优化程度，全面考虑社会、经济、能源、环境和技术等诸多因素对能源供给结构优化程度的作用，进行综合分析。

（4）系统性原则。指标设计过程中各指标间需要存在一定的逻辑关系，遵循系统性原则对能源供给结构优化程度各指标进行选取，需要反映出社会、经济、能源、环境和技术等子系统的主要特征和状态的同时，还要反映出子系统间的内在联系。指标体系具有一定的层次性，各子系统由一组指标构成，各指标间既相互独立又彼此联系，共同构成一个统一的系统。

3.2.1.2　能源供给结构优化程度评价指标的选取及体系建立

根据前文中国能源供给结构优化程度评价指标的识别及分析情况，对评价指标进行筛选、整合，剔除概念重复及数据不可获取因素。选取适宜指标，建立中国能源供给结构优化程度评价指标体系，如表3.1所示。

表 3.1　　　　　　　　能源供给结构优化程度评价指标体系

准则层	指标层		
	符号	名称	指标方向
环境因素 C	C1	废气排放量	负向
	C2	废水排放量	负向
	C3	烟（粉）尘排放量	负向
	C4	环境成本	正向

续表

准则层	指标层		
	符号	名称	指标方向
自然条件 N	N1	煤炭资源储量	负向
	N2	石油资源储量	负向
	N3	天然气资源储量	负向
	N4	水资源总量	正向
社会条件 S	S1	城市化进程	正向
	S2	就业率	正向
	S3	受教育程度	正向
	S4	产业结构	正向
经济条件 E	E1	经济增长水平	正向
	E2	经济发展水平	正向
	E3	经济开放程度	正向
能源规划 P	P1	煤炭消费占比	负向
	P2	清洁能源消费占比	正向
	P3	能源投资	正向
科技水平 T	T1	能源效率	负向
	T2	研发投入	正向

受自然环境、社会环境、经济增长、能源规划、环境发展、科技水平等因素影响，中国各地区能源供给结构优化水平存在显著差异（郭凯和慈兆程，2014）。根据上文分析，从环境因素、自然条件、社会条件、经济条件、能源规划、科技水平六个准则层入手，建立能源供给结构优化程度评价指标体系。

（1）环境因素用以反映地区现阶段环境发展水平以及环境资源长期可持续供应的能力。由于人类活动在能源供给过程中会对所处活动范围造成影响，通过环境因素的度量可以量化这种影响。环境因素的衡量，一方面，包括能源供给过程中对环境造成的破坏，即环境污染，环境污染对环境发展具有负向影响；另一方面，包括对能源供给过程中造成的环境污染的治理，即环境成本，治理投入的增加对环境发展具有正向积极的影响。随着全球环境变化，环境因素已经成为度量能源供给结构优化程度的标准之一（许珊等，2016）。能源供给结构优化发展，需要考虑环境因素影响，走可持续发展路线。笔者在对环境因素指标进行设计时，遵循指标的设计原则对词频分析结果进行筛选，选取废水排放量、废气排放量、烟（粉）尘排放量以及环境成本作为环境因素指标。

（2）自然条件是指一个地区长久以来天然非人为因素改造而形成的地形、气候、资源等基本情况，其中资源的储备差异是造成地区自然条件对工业能源供给结构影响的主要原因。因此，笔者注重从资源角度入手衡量各地区的自然条件。中国整体能源资源储量种类较齐全，但是各个地区能源资源储备量以及能源资源储备种类存在明显差异。笔者在对自然条件指标进行设计时，遵循指标的设计原则对词频分析结果进行筛选，选取煤炭资源储量、石油资源储量、天然气资源储量、水资源总量作为自然条件指标。

（3）社会条件是指特定地区的个体，通过各种各样的关系，联合起来形成的具有一定秩序、制度的有机整体的发展情况。社会条件直接影响地区能源供给结构优化程度的发展趋势。笔者在对社会条件指标进行设计时，遵循指标的设计原则对词频分析结果进行筛选，选取城市化进程、就业率、受教育程度和产业结构作为社会条件指标。

（4）经济条件是一个国家或地区经济发展的规模、速度和所达到的水准，是计算各种动态分析指标的基础。反映国家或地区经济发展水平的常用指标有地区生产总值、地区收入、经济发展速度、经济增长速度等。地区经济增长对当年甚至未来几年的能源结构优化程度的提高有促进作用（张优智和党兴华，2016）。笔者在对经济条件指标进行设计时，遵循指标的设计原则对词频分析结果进行筛选，选取经济增长水平、经济发展水平和经济开放程度作为经济条件指标。

（5）能源规划准则层是根据地区一定时期的能源消费特点，从能源生产、投资、结构转换等方面作出统筹安排的情况。地区能源规划是否合理直接表现在能源供给结构优化程度上。笔者在对能源规划指标进行设计时，遵循指标的设计原则对词频分析结果进行筛选，以煤炭消费占比、清洁能源消费占比以及能源投资作为能源规划指标。

（6）科技水平的提高是支持国家或地区科学、持续发展的重要手段。科技水平的进步主要包括两方面内容：一是科技活动自身水平的提高；二是科技对经济、社会等因素影响力的增强。在能源供给过程中，科技水平的提高，有利于能源供给效率提高，在总产能不变的情况下，提高科技水平可以有效降低能源、资源、环境等的成本。笔者在对科技水平指标进行设计时，遵循指标的设计原则对词频分析结果进行筛选，选取能源效率和研发投入作为科技水平指标。

指标方向与各指标定义及用以表征指标的数据有密切关系，具体指标含义将在下文实证分析中进行详细阐述。

3.2.1.3 能源供给结构优化程度评价指标数据的量纲处理

能源供给结构优化程度评价指标各数据的单位和方向性存在不一致的问题。笔者在对能源供给结构优化程度进行评价之前，先对各评价指标的原始数据进行无量纲化处理，以消除原始数据的量纲差异和由此产生的结果偏差。为消除指标的方向性问题，分别对正、负向指标数据进行处理。

对正向指标的无量纲化公式为：

$$\delta_{kt} = \frac{x_{kt} - \min(x_t)}{\max(x_t) - \min(x_t)} \qquad (3-1)$$

对负向指标的无量纲化公式为：

$$\delta_{kt} = \frac{\max(x_t) - x_{kt}}{\max(x_t) - \min(x_t)} \qquad (3-2)$$

其中，x_{kt} 表示第 k 个地区第 t 个指标值，$\max(x_t)$ 表示全部地区中第 t 个指标的最大值，$\min(x_t)$ 表示全部地区中第 t 个指标的最小值，δ_{kt} 为无量纲化处理后数据。

通过无量纲化数据，可以得到判断矩阵 Δ_{kt}：

$$\Delta_{kt} = \begin{bmatrix} \delta_{11} & \delta_{12} & \cdots & \delta_{1n} \\ \delta_{21} & \delta_{22} & \cdots & \delta_{2n} \\ \vdots & \vdots & & \vdots \\ \delta_{m1} & \delta_{m2} & \cdots & \delta_{mn} \end{bmatrix} \tag{3-3}$$

3.2.2　能源供给结构优化程度评价指标权重模型的构建

3.2.2.1　基础 PSO 模型

粒子群优化（particle swarm optimization，PSO）模型是由肯尼迪（Kennedy）和埃伯哈特（Eberhart）等于 1995 年受鸟群栖息地方式的启示提出的一种新兴演化计算技术，该模型基于群体智能理论对一个简化社会模型进行模拟，通过群体粒子间合作和竞争过程中，产生的群体智能进行指导优化搜索（Kennedy & Eberhart，1995）。PSO 模型的基本原理是将所优化问题的一个解看作一个微粒，每个微粒在 n 维搜索空间中以一定的速度飞行，通过适应度函数来衡量微粒的优劣，微粒根据其自身的飞行经验以及其他粒子的飞行经验动态调整飞行速度，以期向群体中最好微粒位置飞行，使所优化问题得到最优解。

PSO 模型运行过程中，将一群粒子的位置和速度进行随机初始化，根据适应度函数测算每个粒子的初始适应度值，对每个粒子的当前适应度值与所经历过的最好位置进行比较，如果当前适应度值较好，则对粒子当前的最好位置进行替换，再对每个粒子的当前适应度值与全局所经历的最好位置进行比较，如果当前适应度值较好，则对粒子当前的全局最好位置进行替换，根据演化方程进化粒子的位置和速度进行循环迭代，进而寻找最优解。PSO 模型具体运行机制如图 3.3 所示。

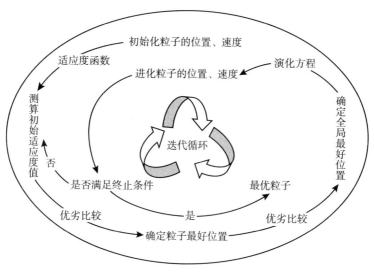

图 3.3　PSO 模型运行机制

基础 PSO 模型以与最优和最劣对象距离之和达到最小为目标，确定优化函数。设最优对象为 $OPT = (1, 1, \cdots, 1)^T$，最劣对象为 $WOR = (0, 0, \cdots, 0)^T$，令 m 为地区个数，n 为指标个数，则优化函数为：

$$\begin{cases} \min f(\omega) = \sum_{t=1}^{n} f_t(\omega) = \sum_{t=1}^{n} \sum_{k=1}^{m} \omega_t^2 \Big[\dfrac{(1 - \Delta_{kt})^2 + \Delta_{kt}^2}{mn} \Big] \\ \text{s. t.} \sum_{t=1}^{n} \omega_t = 1 \\ \omega_k \geqslant 0 \end{cases} \quad (3-4)$$

利用罚函数法将上式转化为适应度函数：

$$F(\omega) = E \Big(\sum_{t=1}^{n} \omega_t - 1 \Big)^2 + G \sum_{t=1}^{n} \sum_{k=1}^{m} \omega_t^2 \Big[\dfrac{(1 - \Delta_{kt})^2 + \Delta_{kt}^2}{mn} \Big] \quad (3-5)$$

其中，E 与 G 为惩罚因子，其取值情况受矩阵 Δ 的影响。

设在多维目标搜索空间中由 M 个粒子组成一个粒子群，令第 i 个粒子的当前位置为 $\omega_k = (\omega_{k1}, \omega_{k2}, \cdots, \omega_{km})$，利用适应度函数测度粒子群个体的初始适应度值，并以此设置粒子最好位置（即个体历史最优 p_{kd}）和全局最好位置（即全局历史最优 p_g）$p_g = \{\omega_k | F(\omega_k) = \min F(\omega_k), k = 1, 2, \cdots, M\}$。粒子群个体

利用粒子群算法更新自己的位置和速度，循环迭代运算的演化方程为：

$$v_{kt}(s+1) = \omega \times v_{kt}(s) + c_1 \times \mathrm{rand}_1 \times \left[p_{kd} - \omega_{kt}(s)\right] + c_2 \times \mathrm{rand}_2 \times \left[p_g - \omega_{kt}(s)\right]$$

$$(3-6)$$

$$\omega_{kt}(s+1) = \omega_{kt}(s) + v_{ij}(s+1) \qquad (3-7)$$

每次循环迭代运算后，利用适应度函数对粒子的适应度值进行分析，比较其当前适应度值与个体历史最好适应度值，若当前适应度值更优，则保存当前位置为其个体历史最优。即：

$$p_{kd} = \begin{cases} p_{kd}, & \text{if} \quad F(p_{kd}) < F[\omega_k(s+1)] \\ F[\omega_k(s+1)], & \text{if} \quad F(p_{kd}) > F[\omega_k(s+1)] \end{cases}, \quad (k=1, 2, \cdots, M)$$

$$(3-8)$$

每次循环迭代确定个体历史最优后，对群体所有粒子的当前个体最好位置和全局历史最好位置，若某粒子的当前位置更优，则该粒子的当前位置为全局历史最好位置，并保存该粒子为全局历史最优。即：

$$p_g = \begin{cases} p_g, & \text{if} \quad F(p_g) < \min F(p_{kd}) \\ p_{kd} \mid F(p_{kd}) = \min F(p_{kd}), & \text{if} \quad F(p_g) > \min F(p_{kd}) \end{cases}$$

$$(3-9)$$

当满足迭代次数达到最大值、$\sum \omega_{kt} = 1$ 或适应度值变化误差达到允许范围之内时，终止迭代循环，并输出此时的 ω_{kt} 作为指标权重测度结果。

3.2.2.2 改进的 PSO 模型

（1）基于初始化方法的改进。

基础 PSO 模型运行过程中对一群粒子的位置和速度进行随机初始化，但当优化问题所需搜索的空间维度较高时，随机初始化得到的粒子群初始位置，很容易局限在相对较小的空间范围内，使得算法难以跳出局部，进而难以实现全局搜寻。

均匀初始化粒子群初始位置，通过使粒子群中各粒子均匀分布在多维空间中，来实现全局搜索能力的增强。该方法将问题解每一维中值的范围平均分为三段，取每一段上的中点，作为该维的三个初始点（冯婷，2009）。在

mn 维问题中每一维有 3 个初始点，则粒子群规模为 3^{mn}。以三维空间为例，均匀初始化粒子分布如图 3.4 所示，随机初始化粒子分布如图 3.5 所示，可以看出，随机产生的初始化粒子位置容易集中在某一个区域内，使算法陷入局部极值，经过均匀初始化的粒子位置均匀地覆盖了给定区域，有利于粒子在整个空间内搜索找到全局最优。

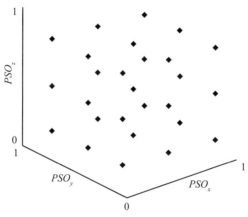

图 3.4 均匀初始化粒子分布

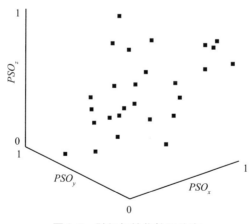

图 3.5 随机初始化粒子分布

（2）基于惯性权重的改进。

利用 PSO 模型进行最优化运算时，较小的惯性权重不利于全局搜索，而较大的惯性权重不利于局部搜索。在基础 PSO 模型中，惯性权重是预先设定的固定值，即 $\omega = \phi$（ϕ 为常数），这一设定使其搜索能力受到限制（Alireza，2011），降低了复杂问题的求解能力，易使 PSO 模型最优化运算陷入局部最优困境，在后期进化中很难获得更精确的解。基于以上限制，从惯性权重角度对基础 PSO 模型进行改进，可以有效改善基础 PSO 算法的性能。为此，通过惯性权重动态变化来调节粒子的搜索能力，确定局部搜索能力与全局搜索能力的比例关系，是优化问题的解决关键。

令 s 为当前进化代数，s_{max} 为最大进化代数，ω_{ini} 为初始惯性权重值，ω_{end} 为进化至最大代数时的惯性权重值。动态惯性权重改进方法如下：

①惯性权重的线性递减算法。

$$\omega = \omega_{ini} - \frac{\omega_{ini} - \omega_{end}}{s_{max}} \times s \tag{3-10}$$

目前，较典型的取值方法是 $\omega_{ini} = 0.9$，$\omega_{end} = 0.4$。在算法开始时先取较大惯性权重，使粒子进行全局搜索，快速定位最优粒子所在范围；随着进化次数的增加，惯性权重线性递减，使粒子进行局部搜索，可有效加速算法的收敛。但是运用该算法进行计算时，如果运算初期未能准确确定最优粒子所在范围，仍然存在陷入局部极值的可能。惯性权重随进化次数的线性递减趋势如图 3.6 所示。

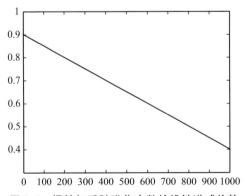

图 3.6　惯性权重随进化次数的线性递减趋势

②惯性权重的线性微分递减算法。

$$\frac{\mathrm{d}\omega}{\mathrm{d}s} = -\frac{2(\omega_{\mathrm{ini}} - \omega_{\mathrm{end}})}{s_{\mathrm{max}}^2} \times s \tag{3-11}$$

$$\omega^s = \omega_{\mathrm{ini}} - \frac{\omega_{\mathrm{ini}} - \omega_{\mathrm{end}}}{s_{\mathrm{max}}^2} \times s^2 \tag{3-12}$$

对进化代数进行平方处理，可以使算法在进化初期惯性权重的减小趋势缓慢，具有较强的全局搜索能力，进化后期，惯性权重的减小趋势加快，提高收敛速度，增加局部搜索能力。该算法迭代运算初期惯性权重减小趋势较惯性权重的线性递减算法缓慢，可有效减小运算过程中陷入局部极值的可能。惯性权重随进化次数的线性微分递减趋势如图 3.7 所示。

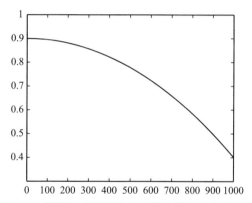

图 3.7 惯性权重随进化次数的线性微分递减趋势

③惯性权重的非线性微分变化算法。

$$\frac{\mathrm{d}\omega}{\mathrm{d}s} = \frac{(\omega_{\mathrm{ini}} - \omega_{\mathrm{end}})}{s_{\mathrm{max}}} - \frac{4(\omega_{\mathrm{ini}} - \omega_{\mathrm{end}})}{s_{\mathrm{max}}^2} \times s \tag{3-13}$$

$$\omega^s = \omega_{\mathrm{ini}} + \frac{\omega_{\mathrm{ini}} - \omega_{\mathrm{end}}}{s_{\mathrm{max}}} \times s - \frac{2(\omega_{\mathrm{ini}} - \omega_{\mathrm{end}})}{s_{\mathrm{max}}^2} \times s^2 \tag{3-14}$$

在线性微分递减算法基础上，对惯性权重先逐渐增加到某个预设代数后再微分递减，使算法初期的搜索力度再次增强，强化全局搜索能力的同时，加速后期收敛。惯性权重随进化次数的非线性微分变化趋势如图 3.8 所示。

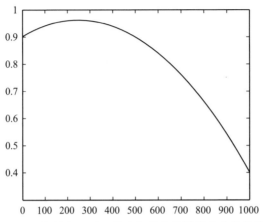

图 3.8 惯性权重随进化次数的非线性微分变化趋势

④惯性权重步长较小的线性递减算法。

$$\omega = \omega_{ini} - \frac{\omega_{ini} - \omega_{end}}{s_{max}^2} \times s \qquad (3-15)$$

该算法下惯性权重的变化幅度相当小，虽然降低了算法的收敛能力，但是增强了粒子的全局搜索能力，不易陷入局部极值困境。惯性权重随进化次数的步长较小线性递减趋势如图 3.9 所示。

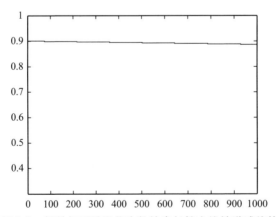

图 3.9 惯性权重随进化次数的步长较小线性递减趋势

PSO 模型中惯性权重的取值直接影响最优解确定的准确性，通过对基础 PSO 模型中惯性权重的动态改进，使粒子群同时兼顾全局搜索能力和局部搜索能力，增强模型测度的准确性。

3.2.2.3 EA 模型

熵最先由申农引入信息论，目前已经在管理学、社会经济学等领域得到了广泛应用。熵权法（entropy analysis，EA）是指用来判断某个指标的离散程度的数学方法。其基本原理是：在信息论中，熵是对不确定性的一种度量，一般来说，信息熵越小，表明指标值的变异程度越大，提供的信息量越多，在研究过程中所能起到的作用越大，其权重也越大。相反，信息熵越大，表明指标的变异程度越小，提供的信息量越少，在研究过程中所能起到的作用越小，其权重也越小。因此，运用熵权法可以判断事件的随机性、无序程度以及指标的离散程度。以信息熵为工具，计算各指标的权重，可以为多指标能源供给结构优化程度评价研究提供依据。

（1）确定指标的信息熵。

信息熵借鉴了热力学中熵的概念，用以描述事件信息量的大小，所以在数学上，信息熵是事件所包含的信息量的期望。令 e_t 为第 t 个指标的信息熵，其运算公式为：

$$e_t = -\frac{1}{\ln n} \sum_{k=1}^{m} PRO_{kt} \ln PRO_{kt} \qquad (3-16)$$

其中，指标比重 $PRO_{kt} = \delta_{kt} / \sum_{k=1}^{n} \delta_{kt}$，$\delta_{kt}$ 为指标无量纲化处理后数据。m 为地区个数，n 为指标个数。当 $PRO_{kt} = 0$ 时，定义 $\lim_{PRO_{kt} \to 0} PRO_{kt} \ln PRO_{kt} = 0$。

（2）确定指标的权重。

根据信息熵的定义，可以用熵值判断第 t 个指标的离散程度，指标的离散程度与该指标对能源供给结构优化的作用程度（即权重）正相关。令 ω_t 为第 t 个指标的权重，其运算公式为：

$$\omega_t = \frac{1 - e_t}{\sum_{t=1}^{m} (1 - e_t)} \qquad (3-17)$$

3.2.2.4 MD 模型

离差最大化（MD）模型通过计算各指标的离差占所有指标总离差的比重来反映指标的重要程度，所占比重大小与指标重要性正相关（李珠瑞等，2013）。令 ω_t 为第 t 个指标的权重，用 $H_{kt}(\omega)$ 表示地区 k 与其他地区指标值的离差，则有：

$$H_{kt}(\omega) = \sum_{t=1}^{n} |\delta_{kt}\omega_t - \delta_{kj}\omega_t| \tag{3-18}$$

对于指标 t，所有地区与其他地区的总离差为：

$$H_t(\omega) = \sum_{k=1}^{m} H_{kt}(\omega) = \sum_{k=1}^{m} \sum_{j=1}^{m} |\delta_{kt} - \delta_{kj}|\omega_t \tag{3-19}$$

根据离差最大化原理，构造最优化模型：

$$\begin{cases} \max H(\omega) = \sum_{t=1}^{n} \sum_{k=1}^{m} \sum_{j=1}^{m} |\delta_{kt} - \delta_{kj}|\omega_t \\ \text{s. t. } \omega_t \geqslant 0 \\ \quad \sum_{t=1}^{n} \omega_t^2 = 1 \end{cases} \tag{3-20}$$

对公式（3-20）求解并进行归一化处理，可得离差最大化权重模型：

$$\omega_t = \frac{\sum_{k=1}^{m} \sum_{j=1}^{m} |\delta_{kt} - \delta_{kj}|}{\sum_{t=1}^{n} \sum_{k=1}^{m} \sum_{j=1}^{m} |\delta_{kt} - \delta_{kj}|} \tag{3-21}$$

其中，分母表示 n 个指标的离差之和；分子表示 m 个地区中第 t 个指标无量纲化处理后的值两两相减取绝对值，再求和得到的离差，记作 H_t。

3.2.2.5 能源供给结构优化程度评价指标组合权重模型

令 r 为组合权重模型中包含的单一权重测度模型个数，ω_t^c 为第 c 种权重模型所测度的第 t 个指标的权重值，则组合权重模型的表达式为：

$$\widetilde{\omega}_t = \sum_{c=1}^{r} \alpha_t^c \times \omega_t^c \tag{3-22}$$

其中，α_t^c 为组合权系数，且满足以下两个目标。目标 1：单一模型权重与理想点间广义距离最短，即 $\min \sum_{k=1}^{m} l_k = \sum_{k=1}^{m} \sum_{t=1}^{n} \sum_{c=1}^{r} \alpha_t^c \omega_t^c (1 - \delta_{kt})$；目标 2：单一模型权重结果的一致性程度最高，即 $\max Z = -\sum_{c=1}^{r} \alpha_t^c \ln \alpha_t^c$。将以上两个目标进行整合，构建组合权重模型的总目标：$\min \theta \sum_{k=1}^{m} \sum_{t=1}^{n} \sum_{c=1}^{r} \alpha_t^c \omega_t^c (1 - \delta_{kt}) + (1 - \theta) \sum_{c=1}^{r} \alpha_t^c \ln \alpha_t^c$，s.t. $\sum_{c=1}^{r} \alpha_t^c = 1$，$\delta_{kt}$ 为第 k 个地区第 t 个指标无量纲化处理后数据，θ 为平衡系数，$0 \leqslant \theta \leqslant 1$。因此，组合权系数可表示为：

$$\alpha_t^c = \frac{\exp\left\{ - \left[1 + \theta \sum_{k=1}^{m} \sum_{t=1}^{n} \omega_t^c (1 - \delta_{kt}) / (1 - \theta) \right] \right\}}{\sum_{c=1}^{r} \exp\left\{ - \left[1 + \theta \sum_{k=1}^{m} \sum_{t=1}^{n} \omega_t^c (1 - \delta_{kt}) / (1 - \theta) \right] \right\}}。$$

3.3 中国能源供给结构优化程度评价方法选取及评价模型构建

3.3.1 能源供给结构优化评价方法比较分析

能源供给结构优化程度评价指标体系确定后，需要确定能源供给结构优化程度的评价方法，运用不同的评价方法可能导致评价结果存在一定的偏差。因此，如何确定评价方法，所选取评价方法是否客观、合理，直接影响评价结果的真实性和准确性。本书借鉴杜栋等（2015）对综合评价模型的分类，以专家评价方法、运筹学及数学评价方法对能源供给结构优化评价方法进行比较。

3.3.1.1 专家评价方法

专家评价方法是一种出现较早且被广泛应用的综合评价方法。该方法是依靠专家知识、经验，对研究对象进行定性研究的方法。研究者在对评价对象进行观察、分析的基础上，通过哲学思辨和逻辑分析，运用语言、文字等对事件的现象、问题等进行描述，并对评价对象的特征进行信息分析，在此基础上，采取特定的运算方法，对所研究的指标信息进行处理，从而获得最终评价结果。该方法的特点是充分依靠并利用专家的知识、经验、偏好或直觉，对评价对象的特点、层次及价值水平进行评判，并作出如评价等级、评价分值或评价次序等判断。应用较多的专家评价方法包括：直接评分法、专家会议法和 Delphi 方法等。这类评价方法常应用在对战略层面进行的评价与决策，或对评价对象的精度要求较低的研究系统中，而对于需要系统量化的评价对象则无法准确表述。

3.3.1.2 运筹学及数学评价方法

运筹学及数学评价方法多以定量分析为主，研究过程中研究者根据评价对象特征，利用数据、语言等基础信息，通过运筹分析及数学计算对评价对象进行综合分析和处理，从客观量化角度对科学数据资源进行测度并得出最终评价结果。运筹学及数学评价方法可以处理系统评价中存在的大量不确定性因素和信息。应用较多的运筹学及数学评价方法包括：层次分析法、模糊评价法、数据包络分析法、灰色关联分析法、理想点法等。

（1）层次分析法。

层次分析（analytic hierarchy process，AHP）法于 20 世纪 70 年代初由美国运筹学家萨蒂提出，是用以解决复杂问题排序的评价方法。AHP 的基本思想是：以系统分层分析为研究手段，对评价对象的总目标进行连续性分解，并按照因素间的相互关联影响以及隶属关系进行不同层次聚集组合，形成一个多层次的分析结构模型，从而使问题归结为各层子目标相对于总目标的相对重要权重值的确定，或者相对优劣次序的评价（赵静，2000）。

$$令判断矩阵\ A = \begin{bmatrix} \omega_1/\omega_1 & \omega_1/\omega_2 & \cdots & \omega_1/\omega_n \\ \omega_2/\omega_1 & \omega_2/\omega_2 & \cdots & \omega_2/\omega_n \\ \vdots & \vdots & & \vdots \\ \omega_n/\omega_1 & \omega_n/\omega_2 & \cdots & \omega_n/\omega_n \end{bmatrix},\ \Omega = [\ \omega_1,\ \omega_2,\ \cdots,\ \omega_n\ ]^T$$

为 n 个要素间的相对重要程度，即权重系数，$\lambda_{\max}$ 为最大特征值，则：

$$A\Omega = \lambda_{\max}\Omega \qquad\qquad (3-23)$$

AHP 基本思路是根据评价对象特点，确定评价问题的主要因素，建立层次结构模型，根据相互重量情况构建比较矩阵（即判断矩阵），进行相对重要性计算及一致性检验，并获得最终评价结果。通过求解判断矩阵的最大特征值及对应的特征向量，可以获得最下层子目标的相对重量，根据以上结果对评价对象总目标进行综合重要程度计算，用最下层子目标的组合权重进行加权，获得综合指数，依据综合指数的大小对目标实现情况进行评价。

（2）模糊评价法。

模糊集合理论的概念于 1965 年由美国学者扎德教授提出，用以表达事物的不确定性。模糊评价法（fuzzy comprehensive evaluation，FCE）基于模糊数学相关思路，运用模糊关系合成原理量化模糊概念，对评判对象的优劣水平进行综合评价。FCE 的基本思想是：依据单因素判断矩阵，采取合适的合成算子，将模糊因素集对应的模糊权向量集进行模糊变换，得到一个模糊综合评判结果，并对结果进行比较分析，来对评价对象进行优劣性测量（Zadeh & Fuzzy，1965）。

$$令基层指标权重\ \Omega = \begin{bmatrix} \omega_{11} & \omega_{12} & \cdots & \omega_{1j} \\ \omega_{21} & \omega_{22} & \cdots & \omega_{2j} \\ \vdots & \vdots & & \vdots \\ \omega_{i1} & \omega_{i2} & \cdots & \omega_{ij} \end{bmatrix},\ 评价向量\ R = \begin{bmatrix} r_{11} & r_{12} & \cdots & r_{1j} \\ r_{21} & r_{22} & \cdots & r_{2j} \\ \vdots & \vdots & & \vdots \\ r_{i1} & r_{i2} & \cdots & r_{ij} \end{bmatrix},$$

评语集 $U = \{\ U_1,\ U_2,\ \cdots,\ U_s\ \}$。则 FCE 的基本思路为：确定各因素对评语的隶属程度构建模糊评价向量，并利用模糊合成算子生成模糊判断向量 $B = \Omega R = (b_1,\ b_2,\ \cdots,\ b_m)$，其中，$b_j = \sum (\omega_i \times r_{ij}) = \min \left\{ 1,\ \sum \omega_i r_{ij} \right\}$，$j = 1,\ 2,\ \cdots,\ m$。根据评价对象特点设定相应等级变量范围构建等级评价矩阵，

最终得到综合评价函数：

$$S = B \times R \tag{3-24}$$

（3）数据包络分析法。

数据包络分析（data envelopment analysis, DEA）法是由运筹学家查恩斯等（Charnes et al., 1978）提出的一种非参数统计的效率评价方法。该方法适用于多输出、多输入的有效性综合评价问题，丰富了微观经济学中的生产函数理论及其应用。

假设有 n 个决策单元（decision making units, DMU），每个 DMU 都有 m 种输入和 s 种输出。令 $i = 1, 2, \cdots, m$；$r = 1, 2, \cdots, s$；$j = 1, 2, \cdots, n$。第 j 个 DMU 对第 i 种输入的投入量为 x_{ij}，第 j 个 DMU 对第 r 种输出的产出量为 y_{rj}，投入和产出的权值分别为 v_i 和 u_r，第 j 个 DMU 的输入和输出向量分别为 $X_j = (x_{1j}, x_{2j}, \cdots, x_{mj})^T$ 和 $Y_j = (y_{1j}, y_{2j}, \cdots, y_{mj})^T$，输入和输出的权值向量分别为 $v = (v_1, v_2, \cdots, v_s)^T$ 和 $u = (u_1, u_2, \cdots, u_m)^T$，则每个 DMU 的效率评价指数为 $h_j = u^T Y_j / (v^T X_j)$。以第 j_0 个 DMU 的效率指数为目标，以所有 DMU 的效率指数为约束，构建最优化评价模型：

$$\begin{cases} \max \dfrac{u^T Y_{j_0}}{v^T X_{j_0}} \\[2mm] \text{s. t. } \dfrac{u^T Y_j}{v^T X_j} \leqslant 1, \quad (j = 1, 2, \cdots, n) \\[2mm] u \geqslant 0, \ v \geqslant 0 \end{cases} \tag{3-25}$$

（4）灰色关联分析法。

灰色系统理论是由著名学者邓聚龙教授首次提出的一种系统科学理论，其中的灰色关联分析（grey relational analysis, GRA）法是根据各因素变化曲线几何形状的相似程度，来判断因素之间关联程度的方法（邓聚龙，1990）。其基本思想是通过确定参考数列和若干个比较数列的几何形状来判断不同序列之间联系的紧密程度。灰色关联法的基本思路是通过线性插值的方法将系统因素的离散行为观测值转化为分段连续的折线，进而根据折线的几何特征构造测度关联程度的模型（刘思峰等，2013）。

令参考数列 $X_0 = \{x_0(k)\}$，比较数列 $X_i = \{x_i(k)\}$，其中，$k = 1$，2，$\cdots$，n，$i = 1$，2，$\cdots$，m。参考数列与比较数列的灰色关联系数 $\xi_i(k)$ 的运算公式：

$$\xi_i(k) = \frac{\min\limits_i \min\limits_k \Delta_i(k) + \rho \max\limits_i \max\limits_k \Delta_i(k)}{\Delta_i(k) + \rho \max\limits_i \max\limits_k \Delta_i(k)} \qquad (3-26)$$

其中，$\Delta_i(k) = |x_0(k) - x_i(k)|$，$\rho \in (0, 1]$。由于关联系数信息过于分散不便于进行整体性比较。因此，求其平均值作为比较数列与参考数列间关联程度的数量表示，即关联度 r_i：

$$r_i = \frac{1}{n} \sum_{k=1}^{n} \xi_i(k) \qquad (3-27)$$

根据关联度的大小次序对评价对象进行排序，获得最终评价结果。

（5）理想点法。

传统理想点（technique for order preference by similarity to an ideal solution，TOPSIS）方法是根据有限个评价对象与理想点和负理想点间的接近程度进行优劣程度评价的方法。TOPSIS 方法的基本思想是通过检测评价对象与理想点和负理想点的距离来进行排序，若评价对象最靠近理想点同时又最远离负理想点，则为最好；反之则为最差。其中，理想点是一个设想的最优方案，它的各个属性值都达到各备选方案的最好值；而负理想点则是一个设想的最劣方案，它的各个属性值都达到各备选方案的最坏值。

令有 m 个评价对象 P_1，P_2，$\cdots$，P_m，每个评价对象有 n 个评价指标 X_1，X_2，$\cdots$，X_n。x_{kt} 为评价对象在指标 X_t 下的指标值，其中，$k = 1$，2，$\cdots$，m，$t = 1$，2，$\cdots$，n，则决策矩阵 $X_t = \begin{bmatrix} x_{11} & x_{12} & \cdots & x_{1n} \\ x_{21} & x_{22} & \cdots & x_{2n} \\ \vdots & \vdots & & \vdots \\ x_{m1} & x_{m2} & \cdots & x_{mn} \end{bmatrix}$。

令理想点 $Q^+ = \{q_t^+ | t = 1, 2, \cdots, n\}$，负理想点 $Q^- = \{q_t^- | t = 1, 2, \cdots, n\}$。当 X_t 为正向指标时，有 $q_t^+ = \max\limits_{1 \leqslant k \leqslant m} \{x_{kt}\}$，$q_t^- = \min\limits_{1 \leqslant k \leqslant m} \{x_{kt}\}$；当 X_t 为负向指

标时, 有 $q_t^+ = \min\limits_{1 \leq k \leq m} \{x_{kt}\}$, $q_t^- = \max\limits_{1 \leq k \leq m} \{x_{kt}\}$。

令评价对象到理想点的距离为 D^+, 到负理想点的距离为 D^-, 距离计算公式为:

$$D^+ = \sqrt{\sum_{t=1}^{n} \left(S_{kt} - s_t^+ \right)^2} \tag{3-28}$$

$$D^- = \sqrt{\sum_{t=1}^{n} \left(S_{kt} - s_t^- \right)^2} \tag{3-29}$$

其中, $k=1, 2, \cdots, m$; s_t^+ 与 s_t^- 分别为第 t 个评价对象到最优对象及最劣对象的距离; S_{kt} 是第 k 个目标第 t 个评价指标的权重规格化值。评价过程中, 通过比较评价对象与理想点的贴近度, 可以对各评价对象的情况进行排序。评价对象与理想点的贴近度公式如下:

$$c_k = \frac{D_k^-}{D_k^+ + D_k^-}, \ (k=1, 2, \cdots, m) \tag{3-30}$$

其中, $0 \leq c_k \leq 1$, 当 $c_k = 1$ 时, 表示该评价对象为最优目标, 当 $c_k = 0$ 时, 表示该评价对象为最劣目标, 最优目标和最劣目标存在的可能性很小。根据贴近度的大小可以对评价对象进行排序。

3.3.1.3 评价模型优劣性对比

通过上节相关分析, 结合实际研究中各种评价模型的特点, 将各评价模型的优缺点进行归纳, 如表 3.2 所示。

表 3.2   评价模型优劣性对比

模型	优点	缺点
AHP	1. 减少了传统主观定权存在的偏差 2. 保证原始信息量, 将测量目标量化 3. 横纵向比较均可	1. 评价结果受判断矩阵构建影响大 2. 九级分制下易出现矛盾和混乱的判断 3. 运算易造成指标值弱化
FCE	1. 可将不完全、不确定信息模糊化 2. 使定性问题定量化, 提高结果准确性和可信性	1. 忽视次要因素, 评价结果不全面 2. 不适用于指标数较多的评价 3. 评价的主观性明显

模型	优点	缺点
DEA	1. 适用于多投入、多产出问题研究 2. 研究过程中的计算量较小	1. 不适于样本量较小的研究 2. 研究变量不宜过多 3. 未考虑投入和产出变量间的关系程度
GRA	1. 对样本量和数据规律无特殊要求 2. 评价过程中计算量小，与定性分析结果接近	1. 关联度的计算不具有规范性 2. 该模型具的应用条件争议较大
TOPSIS	1. 对样本资料无特殊要求 2. 原始数据信息充分利用，较符合实际 3. 可对每个评价对象的优劣进行排序	欧氏距离计算存在缺陷

综上所述，能源供给结构优化各评价模型均存在优缺点。其中，FCE 模型和 DEA 模型并不适合对指标较多的研究进行评价；AHP 模型对指标重要性（即指标权重）的判断优势较显著，但鲜有研究用该模型直接对研究对象的最终结果进行评价；GRA 模型在模型应用范围、应用条件等方面存在争议；TOPSIS 模型的优点更具优势，对原始数据的要求更少，体现更充分，对中国能源供给结构优化研究更为有利，通过距离计算的改进可以有效规避 TOPSIS 模型的缺点。因此，本书将从对传统 TOPSIS 模型进行改进入手，开展中国能源供给结构优化程度研究。

3.3.2 基于 SPA-TOPSIS 的中国能源供给结构优化程度评价模型构建

本书选取中国 30 个地区（不包含我国西藏和港澳台地区）六大因素的 20 个指标对中国能源供给结构优化程度进行研究，通过前文分析可知，TOPSIS 模型能够充分运用原始数据信息，反映各方案之间的差距和实际的情况。尽管如此，传统 TOPSIS 模型尚存在不足，很多学者在传统 TOPSIS 模型基础上对该模型进行改进并应用。吴冲等（2014）将熵权法拓展到区间直觉模糊环境中提出一种基于改进熵权法的区间直觉模糊 TOPSIS 模型；于丹等（2016）则在此基础上将该模型应用到区域能源发展评价中。吴小翠等

（2011）对我国中部地区能源消费结构合理性及省域差异进行研究时，运用改进熵权 TOPSIS 模型对指标进行评价分析。梁昌勇等（2012）从 IFWA 算子的角度对 TOPSIS 模型进行了改进。华小义等（2004）、陆伟锋等（2012）分别运用"垂面"距离、矢量投影对欧式距离进行替换。徐泽水（2001）则用目标方案与理想点和负理想点的夹角余弦重新定义了相对贴近度。但以上改进模型仍然存在不足，例如：熵权法中常引入平移向量进行数据变换，主观规定的单位平移变换对指标的权重有较大影响，使各指标权重的差异性降低，进而影响评价精度；当多个方案的"垂面"距离或投影点相同时，无法区别其优劣；计算量大、易丢失信息或缺乏一定物理含义；等等。基于此，本书选取 TOPSIS 模型作为研究基础，为了弥补模型的不足，本书将着眼于欧式距离的替换，提出一种基于 SPA 联系度的改进 TOPSIS 模型。

3.3.2.1　SPA 及联系度

SPA 模型是对系统作同、异、反定量分析研究的一种系统分析模型，该模型将具有一定联系的两个集合看成一个对子，在特定背景下，对集对中两个集合的关系进行分析，并建立同、异、反联系数。同、异、反是集对分析中根据对立同一的哲学原理，在常见的同异性思维基础上给出的概念。"同"指集对中两个集合在某一问题背景下的交集非空，具有同关系的两个集合也称同一度集合。"反"指集对中两个集合在某一问题背景下，存在相互背离、否定、反对对方的子集，简称为反集。"异"指集对中两个集合在某一问题背景下，各自存在既不与对方同一，也不与对方对立的子集，简称为异集。

同、异、反是从不同的侧面刻画两个集合的联系状况。因此，用同、异、反联系数对两个集合进行描述。为了加强对集对间关系的描述，可以将联系数进行扩展细化，建立多元同、异、反联系数，从而进行深入系统分析（赵克勤，2000）。联系度在 SPA 模型中用以表示集对的辩证关系，联系度 σ 的表达式如下：

$$\sigma = \frac{A}{N} + \frac{B}{N}i + \frac{C}{N}j \qquad (3-31)$$

其中，N 为集对特性总数，A、B、C 分别表示集对相同特性数、相异特性数、

相反特性数, $N = A + B + C$。可将公式改写成:

$$\sigma = a + bi + cj \qquad (3-32)$$

其中, $a + b + c = 1$, $i \in [-1, 1]$, $j = -1$, a 为相同特性系数、b 为相异特性系数、c 为相反特性系数。a 值越接近 1 说明两集合间同一度越高；c 值越接近 1 说明两集合间相反度越高。

3.3.2.2　构建 SPA-TOPSIS 综合评价模型

假设有 m 个评价对象, n 个评价指标, x_{kt} 为评价对象在指标 X_t 下的指标值, ω_t 为指标权重, $\omega_t \in [-0, 1]$, 且 $\sum_{t=1}^{n} \omega_t = 1$。在传统 TOPSIS 模型基础上, 引入联系度概念, 进行模型改进。基于 SPA-TOPSIS 模型的计算原理, 如图 3.10 所示。

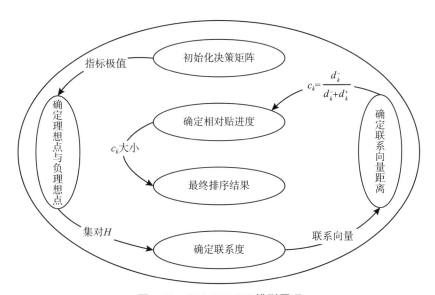

图 3.10　SPA-TOPSIS 模型原理

根据指标 X_t 和指标权重 ω_t 构建初始化决策矩阵, 并确定理想点 Q^+ 与负理想点 Q^-。根据 SPA 思想, 在系统中可以认为理想点与负理想点互为反向关系。

令评价对象 P_k 与理想点 Q^+ 的联系度为 σ_k^+ ，与负理想点 Q^- 的联系度 σ_k^- 。当评价指标为正向指标时，评价对象与理想点组成集对 $H^+ = (P_k, Q^+)$ ，评价对象与负理想点组成集对 $H^- = (P_k, Q^-)$ 则有：

$$\sigma_k^+ = a_k^+ + b_k^+ i + c_k^+ j = \omega_1 \sigma_{k1}^+ + \omega_2 \sigma_{k2}^+ + \cdots + \omega_n \sigma_{kn}^+ \quad (3-33)$$

其中， $\sigma_{kt}^+ = a_{kt}^+ + b_{kt}^+ i + c_{kt}^+ j$ （ $k = 1, 2, \cdots, m; t = 1, 2, \cdots, n$ ）。当 $x_{kt} = q_k^-$ 时， $a_{kt}^+ = b_{kt}^+ = 0$ ， $c_{kt}^+ = 1$ ；当 $x_{kt} \in (q_t^-, q_t^+]$ 时， $a_{kt}^+ = \dfrac{x_{kt}}{q_t^+}$ ， $b_{kt}^+ = 1 - a_{kt}^+$ ， $c_{kt}^+ = 0$ 。

$$\sigma_k^- = a_k^- + b_k^- i + c_k^- j = \omega_1 \sigma_{k1}^- + \omega_2 \sigma_{k2}^- + \cdots + \omega_n \sigma_{kn}^- \quad (3-34)$$

其中， $\sigma_{kt}^- = a_{kt}^- + b_{kt}^- i + c_{kt}^- j$ （ $k = 1, 2, \cdots, m; t = 1, 2, \cdots, n$ ）。当 $x_{kt} = q_k^+$ 时， $a_{kt}^- = b_{kt}^- = 0$ ， $c_{kt}^- = 1$ ；当 $x_{kt} \in (q_t^-, q_t^+]$ ， $q_t^- \neq 0$ 时， $a_{kt}^- = \dfrac{q_t^-}{x_{kt}}$ ， $b_{kt}^- = 1 - a_{kt}^-$ ， $c_{kt}^- = 0$ 。

特别地，当 $q_t^- = 0$ ， $x_{kt} = 0$ 时，规定 $a_{kt}^- = 1$ ， $b_{kt}^- = c_{kt}^- = 0$ ；当 $q_t^- = 0$ ， $x_{kt} \neq 0$ 时，规定 $a_{kt}^- = \dfrac{q_t^t - x_{kt}}{q_t^+}$ ， $b_{kt}^- = 1 - a_{kt}^-$ ， $c_{kt}^- = 0$ 。

当评价指标为负向指标时，根据公式（3-34）原理计算评价对象 P_k 与理想点 Q^+ 的联系度，根据公式（3-33）原理计算评价对象 P_k 与负理想点 Q^- 对应指标值的联系度。

在计算联系向量距离时，当理想点的联系向量为 $\vec{\sigma}^+ = (1, 0, 0)$ 时，评价对象 P_k 对应的联系向量为 $\vec{\sigma}_k^+ = (a_k^+, b_k^+, c_k^+)$ ，则评价对象与理想点的联系向量距离为： $d_k^+ = \sqrt{(1 - a_k^+)^2 + (b_k^+)^2 + (c_k^+)^2}$ 。当负理想点的联系向量为 $\vec{\sigma}^- = (1, 0, 0)$ 时，评价对象 P_k 对应的联系向量为 $\vec{\sigma}_k^- = (a_k^-, b_k^-, c_k^-)$ ，则评价对象与负理想点的联系向量距离为： $d_k^- = \sqrt{(1 - a_k^-)^2 + (b_k^-)^2 + (c_k^-)^2}$ 。可以看出与理想点的联系向量距离更近的方案，则与负理想点的联系向量距离更远。因此，在评价过程中，通过比较评价对象与理想点的相对贴近度，可以对各地区能源供给结构优化程度水平进行排序。 P_k 与 Q^+ 的相对贴近度公式如下：

$$c_k = \frac{d_k^-}{d_k^+ + d_k^-}, \quad (k = 1, 2, \cdots, m) \quad (3-35)$$

其中，c_k 越大，P_k 越接近于理想点，因此可根据 c_k 大小对 P_k 进行优劣排序。

3.4 环境规制下中国能源供给结构优化程度的实证分析

3.4.1 中国能源供给结构优化程度评价指标权重的度量

3.4.1.1 指标的选取及样本数据的处理

运用词频分析法提取能源供给结构优化程度的评价指标，可以通过大量数据指标的整合，来避免单一研究中能源供给结构优化程度相关指标的遗漏，在一定程度上克服了单一研究的片面性（李双杰和李春琦，2018）。本书运用词频分析法提取中国能源供给结构优化程度的评价指标，选取 2014～2018 年的 91 篇文献对相关指标进行确定。由于各学者在能源结构相关内容研究时对指标选取角度、指标命名习惯等存在不同，因此，词频分析后确定的相关指标会存在重复现象。确定相关评价指标后，剔除概念存在重复的指标及数据不可获取指标，最终选取 6 个准则层的 20 个指标变量作为外部环境评价指标。

自然条件准则层中，资源储备种类及储备量直接影响地区能源供给结构优化程度，煤炭资源储量、石油资源储量、天然气资源储量、水资源总量等中国各地区主要能源资源均可在年鉴数据中直接查找。

社会条件准则层中，城市人口比例的增加是城市化进程的直接表现，因此用城市人口占总人口比例衡量城市化进程；就业率的提高有利于社会稳定发展，通过《中国统计年鉴》中的失业率数据可计算出地区就业率；受教育程度的提高有利于环保意识的接受及生产技术的提高，用大专及以上学历占学龄以上人口比例来表征受教育程度；产业结构是社会发展的重要组成部分，而第三产业比重的增加，可以有效改善能源结构高碳式发展的现状（马立平等，2010），因此选用第三产业产值占 GDP 比重来衡量产业结构。

经济条件准则层中，用地区生产总值（GDP）增长率表示经济增长水平；用地区生产总值来表征经济发展水平；用外商投资企业进出口总额与地区生产总值的比衡量经济开放程度。

　　能源规划准则层中，中国煤炭、天然气与电力的利用效率分别约为27%、57%和85%（李双杰和李春琦，2018），不同能源所占比重对能源供给结构优化程度有显著影响，清洁能源消费所占比例越高，能源规划效果越显著。本书分别用煤炭消费量和清洁能源消费量占能源消费总量比重表征煤炭消费占比和清洁能源消费占比；对能源投资的增加，有利于地区能源的发展规划，用国有经济能源工业固定资产投资衡量能源投资水平。

　　环境因素准则层中，能源工业废气排放的主要成分是二氧化硫，受数据采集限制，用二氧化硫排放量来替代废气排放；废水排放量和烟（粉）尘排放量可在《中国能源统计年鉴》数据中直接查找；地区的环境成本的增加最直接的表现是对工业污染治理投资的增长，因此选择工业污染治理完成投资来表征环境成本。

　　科技水平准则层中，科技水平的提升有利于能源效率的提高，能源效率也是影响能源供给结构优化的主要因素（Shahiduzzaman et al.，2015），笔者用单位 GDP 能源消耗量表征能源效率，单位 GDP 能源消耗量越小说明每提升 1 个单位 GDP 消耗能源越少，科技水平越高，因此该指标为负向指标；研发经费的投入为科技水平提升奠定基础，选取规模以上工业企业研发经费衡量研发投入。

　　确定度量能源供给结构优化程度权重的各项指标后，以《中国统计年鉴》《中国能源统计年鉴》，以及国家统计局网站和各区域统计年鉴为数据的主要来源，选取 2008～2017 年统计数据作为相关原始数据，个别缺失数据采用插值法进行插值补数。本书以 2008～2017 年中国 30 个省份（不包含我国西藏和港澳台地区）为实证研究对象，度量各评价指标对中国能源供给结构优化程度的作用权重。由于能源供给结构优化程度评价指标层中存在正向指标和负向指标，同时原始数据的单位差异较大，为消除指标的方向性以及量纲差异，在各指标层原始数据基础上，分别运用公式（3-1）和公式（3-2）对能源供给结构优化程度评价指标的原始数据进行无量纲化处理，获取指标层的判断数据。处理后数据为 2008～2017 年中国 30 个地区 20 个指标值对应的数据，数据较多，受篇幅限制，此处只列举部分年份无量纲化处理后的数据，如表 3.3 所示。

表 3.3 　2017 年 30 个省份的无量纲化数据

指标层符号	北京	天津	河北	山西	内蒙古	辽宁	吉林	黑龙江	上海	江苏	浙江	安徽	福建	江西	山东
N1	0.9971	0.9968	0.9528	0.0000	0.4431	0.9708	0.9894	0.9320	1.0000	0.9887	0.9995	0.9101	0.9957	0.9963	0.9174
N2	1.0000	0.9438	0.5539	1.0000	0.8593	0.7591	0.7062	0.2838	1.0000	0.9542	1.0000	0.9960	1.0000	1.0000	0.5063
N3	1.0000	0.9792	0.9744	0.9686	0.2700	0.9883	0.9446	0.9013	1.0000	0.9982	1.0000	1.0000	1.0000	1.0000	0.9746
N4	0.0104	0.0038	0.0811	0.0508	0.1702	0.1315	0.1957	0.3406	0.0210	0.2989	0.5364	0.5045	0.8572	0.9030	0.0860
S1	0.9685	0.8860	0.2094	0.2757	0.3894	0.5305	0.2703	0.3439	1.0000	0.5387	0.5221	0.1789	0.4446	0.2042	0.3398
S2	1.0000	0.2500	0.1786	0.2500	0.1786	0.1429	0.2500	0.0000	0.0357	0.4286	0.4643	0.3571	0.1071	0.2857	0.2500
S3	1.0000	0.4837	0.0857	0.1705	0.2931	0.2863	0.1856	0.1681	0.5991	0.2497	0.2127	0.0614	0.1174	0.0511	0.1370
S4	1.0000	0.4149	0.0485	0.3907	0.1038	0.2946	0.0711	0.3560	0.7430	0.2565	0.2809	0.0364	0.0815	0.0593	0.1749
E1	0.7045	0.8788	0.7045	0.5303	0.7348	0.0000	0.7121	0.6515	0.7121	0.7803	0.7652	0.8485	0.8258	0.8712	0.7652
E2	0.2950	0.1956	0.3768	0.1338	0.1987	0.2513	0.1559	0.1637	0.3271	0.9557	0.5707	0.2789	0.3352	0.2034	0.8361
E3	0.2468	0.3108	0.0342	0.0771	0.0053	0.1713	0.0621	0.0068	1.0000	0.4145	0.1567	0.0530	0.2014	0.0618	0.1192
P1	1.0000	0.6521	0.3688	0.0000	0.0192	0.5797	0.2340	0.2504	0.7837	0.4458	0.5184	0.2235	0.6067	0.3771	0.4901
P2	0.7119	0.2680	0.2506	0.0074	0.1786	0.0748	0.0573	0.0000	0.4166	0.5982	0.8816	0.3693	0.7317	0.4724	0.2168
P3	0.1570	0.1475	0.5627	0.6059	1.0000	0.0748	0.2076	0.0811	0.1149	0.3783	0.4067	0.2940	0.4268	0.1812	0.6544
C1	0.9855	0.9520	0.3088	0.4009	0.4553	0.5609	0.8469	0.7125	0.9487	0.5050	0.7750	0.7632	0.8458	0.7674	0.0000
C2	0.8473	0.9295	0.7129	0.8770	0.9150	0.7794	0.9234	0.8781	0.7876	0.3531	0.5570	0.7658	0.7698	0.7872	0.4728
C3	0.9888	0.9536	0.0000	0.4655	0.5322	0.4917	0.8399	0.6551	0.9525	0.6352	0.8693	0.7569	0.8244	0.7473	0.3099
C4	0.0662	0.0701	0.1862	0.2281	0.3126	0.1424	0.0659	0.1263	0.4033	0.5863	0.4694	0.3200	0.1684	0.0708	1.0000
T1	1.0000	0.8729	0.5596	0.1863	0.4630	0.5487	0.8185	0.6472	0.9033	0.9129	0.8943	0.8334	0.8944	0.8650	0.8005
T2	0.1481	0.2051	0.1803	0.0538	0.0720	0.1404	0.0498	0.0484	0.2891	0.9888	0.5562	0.2176	0.2280	0.1031	0.8434

续表

指标层符号	河南	湖北	湖南	广东	广西	海南	重庆	四川	贵州	云南	陕西	甘肃	青海	宁夏	新疆
N1	0.9066	0.9965	0.9928	0.9997	0.9990	0.9987	0.9803	0.9419	0.8789	0.9350	0.8222	0.9702	0.9865	0.9591	0.8228
N2	0.9257	0.9801	1.0000	0.9997	0.9974	0.9924	0.9955	0.9895	1.0000	0.9998	0.3559	0.5256	0.8615	0.9592	0.0000
N3	0.9943	0.9964	1.0000	1.0000	0.9999	0.9982	0.7933	0.0000	0.9995	1.0000	0.4085	0.9759	0.8973	0.9792	0.2229
N4	0.1338	0.6078	0.8930	1.0000	0.8857	0.1961	0.2431	0.9519	0.4314	0.8490	0.1069	0.0648	0.2463	0.0000	0.4425
S1	0.0992	0.3186	0.1965	0.5725	0.0895	0.2893	0.4216	0.1155	0.0000	0.0196	0.2555	0.0117	0.1701	0.2775	0.0953
S2	0.4286	0.6429	0.0000	0.6071	0.4643	0.6429	0.1786	0.0000	0.3571	0.2143	0.3214	0.7143	0.3929	0.1071	0.6071
S3	0.0247	0.1798	0.1205	0.1774	0.0253	0.0708	0.1457	0.0516	0.0000	0.0437	0.1502	0.0964	0.0697	0.2175	0.1747
S4	0.0545	0.1075	0.1675	0.3060	0.0000	0.3611	0.2106	0.1886	0.1256	0.1750	0.0684	0.2912	0.0799	0.1435	0.1366
E1	0.8030	0.8030	0.7955	0.7576	0.7424	0.7576	1.0000	0.7803	0.9848	0.8485	0.7652	0.7652	0.7955	0.8030	0.7652
E2	0.4841	0.3844	0.3702	1.0000	0.2011	0.0189	0.1938	0.3879	0.1176	0.1560	0.2150	0.0591	0.0000	0.0076	0.0904
E3	0.1203	0.0319	0.0194	0.5725	0.0522	0.1753	0.1848	0.0932	0.0024	0.0031	0.1094	0.0002	0.0000	0.0137	0.0018
P1	0.2856	0.4146	0.3364	0.6501	0.5242	0.8474	0.4063	0.6110	0.0704	0.3401	0.2028	0.4449	0.5598	0.1743	0.3228
P2	0.4095	0.4021	0.3703	0.8534	0.5436	0.1724	0.4804	0.5146	0.3157	0.7261	0.0610	0.4522	1.0000	0.3257	0.3297
P3	0.2424	0.2413	0.2234	0.6881	0.2192	0.0000	0.1686	0.8145	0.1180	0.3593	0.7503	0.2350	0.1855	0.2603	0.6744
C1	0.6451	0.7596	0.7049	0.6987	0.8353	1.0000	0.7572	0.5783	0.4362	0.5443	0.7306	0.7718	0.9134	0.8032	0.5851
C2	0.5886	0.7283	0.7020	0.0000	0.8179	0.9815	0.8081	0.6426	0.9194	0.8312	0.8471	0.9571	1.0000	0.9927	0.9269
C3	0.6698	0.7937	0.8048	0.7889	0.8049	1.0000	0.9393	0.7962	0.8515	0.8165	0.7843	0.8709	0.8966	0.8540	0.6473
C4	0.5092	0.2828	0.0889	0.1993	0.0916	0.0000	0.0168	0.0801	0.0327	0.0890	0.1433	0.0750	0.0642	0.1811	0.1044
T1	0.7992	0.8362	0.8462	0.9229	0.8127	0.8502	0.8342	0.7677	0.6002	0.6992	0.7633	0.4996	0.1116	0.0000	0.0505
T2	0.2409	0.2626	0.2309	1.0000	0.0449	0.0001	0.1377	0.1495	0.0287	0.0398	0.1059	0.0258	0.0000	0.0097	0.0188

3.4.1.2　运用改进 PSO 模型获取权重

将中国能源供给结构优化程度各评价指标的无量纲化数据代入公式（3–3）的判断矩阵中，按照改进惯性权重的 PSO 算法流程进行计算，运用适应度函数对均匀初始化的粒子进行位置和速度的调整，通过迭代运算对粒子进行进化，寻找最优粒子，通过 Matlab 编程来实现对各指标权重的确定。基于改进 PSO 模型计算的 2008～2017 年中国能源供给结构优化程度各指标层权重，如表 3.4 所示。

表 3.4　基于改进 PSO 模型的中国能源供给结构优化程度指标层权重

指标层符号	2008 年	2009 年	2010 年	2011 年	2012 年	2013 年	2014 年	2015 年	2016 年	2017 年
N1	0.0427	0.0496	0.0321	0.0430	0.0488	0.0441	0.0450	0.0627	0.0440	0.0358
N2	0.0647	0.0623	0.0635	0.0692	0.0648	0.0651	0.0583	0.0653	0.0740	0.0578
N3	0.0600	0.0605	0.0410	0.0499	0.0606	0.0485	0.0441	0.0493	0.0334	0.0630
N4	0.0704	0.0633	0.0658	0.0436	0.0414	0.0545	0.0532	0.0528	0.0297	0.0622
S1	0.0504	0.0297	0.0632	0.0499	0.0526	0.0478	0.0532	0.0509	0.0747	0.0623
S2	0.0494	0.0306	0.0605	0.0283	0.0462	0.0673	0.0601	0.0996	0.0664	0.0566
S3	0.0383	0.0225	0.0427	0.0328	0.0163	0.0241	0.0368	0.0288	0.0311	0.0145
S4	0.0477	0.0812	0.0305	0.0491	0.0393	0.0479	0.0405	0.0322	0.0560	0.0366
E1	0.0476	0.0724	0.0593	0.0746	0.0904	0.0599	0.0322	0.0547	0.0724	0.0792
E2	0.0580	0.0379	0.0413	0.0511	0.0384	0.0600	0.0598	0.0470	0.0379	0.0612
E3	0.0376	0.0227	0.0343	0.0343	0.0162	0.0291	0.0408	0.0351	0.0323	0.0412
P1	0.0542	0.0341	0.0712	0.0876	0.0578	0.0668	0.0673	0.0823	0.0708	0.0895
P2	0.0627	0.0868	0.0597	0.0527	0.0522	0.0608	0.0411	0.0479	0.0417	0.0405
P3	0.0518	0.0707	0.0468	0.0537	0.0544	0.0230	0.0462	0.0288	0.0323	0.0487
C1	0.0297	0.0307	0.0763	0.0395	0.0477	0.0522	0.0398	0.0442	0.0662	0.0309
C2	0.0480	0.0501	0.0545	0.0481	0.0626	0.0367	0.0574	0.0223	0.0396	0.0260
C3	0.0198	0.0612	0.0258	0.0515	0.0441	0.0541	0.0455	0.0327	0.0198	0.0413
C4	0.0543	0.0495	0.0561	0.0399	0.0437	0.0668	0.0616	0.0882	0.0575	0.0547
T1	0.0492	0.0404	0.0243	0.0485	0.0706	0.0354	0.0718	0.0306	0.0646	0.0498
T2	0.0635	0.0438	0.0511	0.0527	0.0519	0.0559	0.0453	0.0446	0.0556	0.0482

3.4.1.3 运用 EA 模型获取权重

首先，将中国能源供给结构优化程度各评价指标的无量纲化数据代入公式（3 - 16），计算各指标的信息熵。其次，将所得信息熵代入公式（3 - 17）中，测算出中国能源供给结构优化程度各评价指标的权重。基于 EA 模型计算的 2008 ~ 2017 年中国能源供给结构优化程度指标层权重，如表 3.5 所示。

表 3.5　　　基于 EA 模型的中国能源供给结构优化程度指标层权重

指标层符号	2008 年	2009 年	2010 年	2011 年	2012 年	2013 年	2014 年	2015 年	2016 年	2017 年
N1	0.0189	0.0189	0.0193	0.0198	0.0179	0.0175	0.0171	0.0177	0.0179	0.0181
N2	0.0214	0.0225	0.0244	0.0250	0.0259	0.0250	0.0236	0.0240	0.0240	0.0241
N3	0.0476	0.0445	0.0445	0.0428	0.0452	0.0458	0.0431	0.0455	0.0455	0.0446
N4	0.0606	0.0666	0.0609	0.0613	0.0596	0.0640	0.0616	0.0650	0.0702	0.0667
S1	0.0370	0.0356	0.0347	0.0408	0.0403	0.0371	0.0356	0.0385	0.0395	0.0412
S2	0.0510	0.0265	0.0378	0.0327	0.0279	0.0324	0.0270	0.0252	0.0257	0.0404
S3	0.0727	0.0738	0.0619	0.0707	0.0604	0.0677	0.0907	0.0630	0.0649	0.0620
S4	0.0336	0.0316	0.0333	0.0320	0.0441	0.0459	0.0558	0.0568	0.0672	0.0528
E1	0.0256	0.0287	0.0220	0.0285	0.0305	0.0373	0.0450	0.0289	0.0251	0.0190
E2	0.0407	0.0408	0.0415	0.0393	0.0398	0.0375	0.0363	0.0373	0.0386	0.0399
E3	0.1176	0.1104	0.1118	0.1054	0.1043	0.0967	0.0909	0.0902	0.0922	0.0885
P1	0.0274	0.0309	0.0305	0.0308	0.0309	0.0285	0.0252	0.0252	0.0265	0.0283
P2	0.0464	0.0531	0.0549	0.0507	0.0535	0.0471	0.0449	0.0467	0.0445	0.0441
P3	0.0423	0.0413	0.0440	0.0475	0.0462	0.0469	0.0464	0.0547	0.0498	0.0527
C1	0.1584	0.1617	0.1677	0.1646	0.1572	0.1513	0.1481	0.1513	0.1522	0.1440
C2	0.0385	0.0400	0.0413	0.0402	0.0419	0.0398	0.0385	0.0392	0.0401	0.0393
C3	0.0256	0.0298	0.0340	0.0328	0.0261	0.0263	0.0243	0.0260	0.0271	0.0236
C4	0.0424	0.0472	0.0358	0.0406	0.0436	0.0506	0.0455	0.0614	0.0439	0.0627
T1	0.0223	0.0240	0.0264	0.0261	0.0276	0.0278	0.0277	0.0292	0.0284	0.0298
T2	0.0700	0.0719	0.0734	0.0686	0.0771	0.0749	0.0727	0.0745	0.0765	0.0781

运用 EA 模型测算的权重，在准则层中，环境因素、社会条件以及经济

条件的权重均高于均值，以上因素对能源供给结构优化程度的评价结果起主
要作用。在指标层中，所占权重较高的指标分别是废气排放、经济开放程度、
研发投入、受教育程度和水资源储备。

3.4.1.4　运用 MD 模型获取权重

将中国能源供给结构优化程度各评价指标的无量纲化数据代入公式（3－21）
中，测算出中国能源供给结构优化程度各指标的权重。基于 MD 模型计算的
2008～2017 年中国能源供给结构优化程度指标层权重，如表 3.6 所示。

表 3.6　　　　基于 MD 模型的中国能源供给结构优化程度指标层权重

指标层符号	2008 年	2009 年	2010 年	2011 年	2012 年	2013 年	2014 年	2015 年	2016 年	2017 年
N1	0.0287	0.0281	0.0278	0.0266	0.0257	0.0244	0.0247	0.0250	0.0261	0.0276
N2	0.0474	0.0483	0.0509	0.0517	0.0535	0.0512	0.0494	0.0498	0.0494	0.0500
N3	0.0544	0.0548	0.0534	0.0517	0.0567	0.0560	0.0473	0.0516	0.0491	0.0511
N4	0.0539	0.0563	0.0552	0.0610	0.0511	0.0583	0.0650	0.0591	0.0680	0.0676
S1	0.0490	0.0471	0.0468	0.0496	0.0525	0.0520	0.0523	0.0541	0.0573	0.0591
S2	0.0534	0.0458	0.0387	0.0457	0.0534	0.0550	0.0523	0.0503	0.0550	0.0630
S3	0.0336	0.0368	0.0362	0.0333	0.0334	0.0334	0.0303	0.0315	0.0323	0.0323
S4	0.0334	0.0335	0.0356	0.0371	0.0427	0.0442	0.0469	0.0454	0.0479	0.0491
E1	0.0527	0.0776	0.0632	0.0651	0.0607	0.0680	0.0612	0.0586	0.0462	0.0329
E2	0.0544	0.0537	0.0550	0.0534	0.0559	0.0552	0.0555	0.0559	0.0558	0.0545
E3	0.0522	0.0474	0.0471	0.0443	0.0449	0.0439	0.0442	0.0435	0.0426	0.0426
P1	0.0643	0.0639	0.0670	0.0706	0.0723	0.0664	0.0682	0.0696	0.0667	0.0670
P2	0.0594	0.0652	0.0589	0.0470	0.0516	0.0555	0.0572	0.0552	0.0566	0.0705
P3	0.0525	0.0498	0.0513	0.0578	0.0683	0.0643	0.0712	0.0735	0.0712	0.0719
C1	0.0592	0.0581	0.0586	0.0576	0.0522	0.0509	0.0517	0.0523	0.0519	0.0508
C2	0.0456	0.0460	0.0473	0.0450	0.0463	0.0423	0.0423	0.0425	0.0441	0.0444
C3	0.0557	0.0547	0.0605	0.0527	0.0440	0.0450	0.0435	0.0464	0.0462	0.0447
C4	0.0577	0.0430	0.0543	0.0605	0.0432	0.0459	0.0515	0.0497	0.0505	0.0371
T1	0.0401	0.0393	0.0406	0.0399	0.0382	0.0365	0.0333	0.0334	0.0315	0.0320
T2	0.0524	0.0504	0.0518	0.0495	0.0534	0.0516	0.0520	0.0523	0.0516	0.0520

运用 MD 模型测算的权重，在准则层中，环境因素、自然条件、能源规划以及社会条件的权重均高于均值，与运用改进 PSO 模型测算的权重结果相近。在指标层中，煤炭资源储量和石油资源储量的指标权重均值均高于 0.06，说明以上指标的变动对中国能源供给结构优化程度的影响较显著；环境成本、能源效率和研发投入三个指标的权重的均值均低于 0.04，说明在 MD 模型中以上指标的变动对中国能源供给结构优化程度的影响不明显。

3.4.1.5　运用组合权重模型获取权重

令平衡系数 θ 为 0.5，将表 3.4、表 3.5、表 3.6 中单一模型测算的中国能源供给结构优化程度指标层权重代入组合权系数公式中，求组合权系数 α_i^c。2008 ~ 2017 年中国能源供给结构优化程度组合权系数，如表 3.7 所示。

表 3.7　　　　　　　　　　　　　　　　组合权系数

模型	2008 年	2009 年	2010 年	2011 年	2012 年	2013 年	2014 年	2015 年	2016 年	2017 年
PSO	0.4693	0.6020	0.3943	0.5865	0.7725	0.5166	0.6320	0.5313	0.6209	0.6118
EA	0.1215	0.0909	0.1363	0.1064	0.0598	0.1300	0.0917	0.1152	0.1015	0.1082
MD	0.4092	0.3070	0.4694	0.3071	0.1677	0.3534	0.2762	0.3534	0.2776	0.2800

将表 3.4、表 3.5、表 3.6 中单一模型测算的中国能源供给结构优化程度指标层权重与表 3.7 中组合权系数代入公式（3 - 22）中，得到中国能源供给结构优化各评价指标的综合组合权重，即中国能源供给结构优化程度各评价指标的综合得分情况，如表 3.8 所示。

表 3.8　　　　　　中国能源供给结构优化程度各评价指标的组合权重

指标层符号	2008 年	2009 年	2010 年	2011 年	2012 年	2013 年	2014 年	2015 年	2016 年	2017 年
N1	0.0341	0.0402	0.0283	0.0355	0.0431	0.0337	0.0368	0.0442	0.0364	0.0316
N2	0.0524	0.0544	0.0523	0.0591	0.0606	0.0550	0.0527	0.0551	0.0621	0.0520
N3	0.0562	0.0573	0.0473	0.0497	0.0590	0.0508	0.0449	0.0497	0.0390	0.0577
N4	0.0625	0.0615	0.0602	0.0508	0.0441	0.0571	0.0572	0.0564	0.0444	0.0642
S1	0.0482	0.0356	0.0516	0.0488	0.0518	0.0479	0.0513	0.0506	0.0663	0.0591
S2	0.0512	0.0349	0.0472	0.0341	0.0463	0.0584	0.0549	0.0736	0.0591	0.0566
S3	0.0406	0.0316	0.0423	0.0370	0.0218	0.0331	0.0399	0.0337	0.0349	0.0246
S4	0.0401	0.0620	0.0333	0.0436	0.0402	0.0463	0.0437	0.0397	0.0549	0.0419
E1	0.0470	0.0700	0.0560	0.0668	0.0818	0.0598	0.0414	0.0531	0.0603	0.0597
E2	0.0544	0.0430	0.0478	0.0506	0.0414	0.0554	0.0565	0.0490	0.0429	0.0570
E3	0.0533	0.0383	0.0509	0.0449	0.0263	0.0431	0.0463	0.0444	0.0412	0.0467
P1	0.0551	0.0430	0.0637	0.0763	0.0586	0.0617	0.0637	0.0712	0.0652	0.0766
P2	0.0594	0.0771	0.0587	0.0507	0.0522	0.0571	0.0459	0.0503	0.0461	0.0493
P3	0.0509	0.0616	0.0485	0.0543	0.0562	0.0407	0.0531	0.0476	0.0449	0.0556
C1	0.0574	0.0510	0.0804	0.0584	0.055	0.0646	0.0530	0.0594	0.0710	0.0487
C2	0.0459	0.0479	0.0493	0.0463	0.0586	0.0391	0.0515	0.0314	0.0409	0.0326
C3	0.0352	0.0563	0.0432	0.0499	0.0430	0.0473	0.0430	0.0368	0.0279	0.0403
C4	0.0542	0.0473	0.0525	0.0463	0.0436	0.0573	0.0573	0.0715	0.0542	0.0506
T1	0.0422	0.0386	0.0322	0.0435	0.0626	0.0348	0.0571	0.0314	0.0517	0.0427
T2	0.0597	0.0484	0.0545	0.0534	0.0537	0.0568	0.0497	0.0508	0.0566	0.0525

　　运用组合权重模型测算中国能源供给结构优化程度各因素权重。在准则层中，中国能源供给结构优化程度准则层，2008～2017 年权重的平均值由大到小依次是环境因素（0.200）、自然条件（0.199）、社会条件（0.1813）、能源规划（0.1695）、经济条件（0.1529）、科技水平（0.0973）。在指标层中，指标权重排名前六的指标分别是煤炭消费占比、废气排放、经济增长水平、水资源总量、石油资源储量以及清洁能源消费占比；而指标权重排名后六的指标分别是受教育程度、煤炭资源储量、烟（粉）尘排放、经济开放程度、能源效率以及废水排放。

3.4.1.6　实证结果分析

各评价指标对中国能源供给结构优化程度的影响，在各地区间存在差异。本书对 2008～2017 年中国 30 个省份（不包含我国西藏和港澳台地区）进行测算，由于数据过于庞大，图 3.11 只以 2017 年为例进行绘制。可以看出，各准则层得分存在地域辐射作用，东部地区的准则层得分相对较高，而西部地区的准则层得分则相对较低，这种差异在自然条件、经济条件和科技水平准则层较明显，即以上准则层得分整体呈东部最高、中部次之、西部最低的波段下降趋势；能源规划准则层则呈现东部地区最高、西部地区次之、中部地区最低的 U 形波动趋势；社会条件和环境因素准则层的地域性差异不明显，除北京地区的社会条件得分明显偏高外，其余数据整体趋势相对平稳。

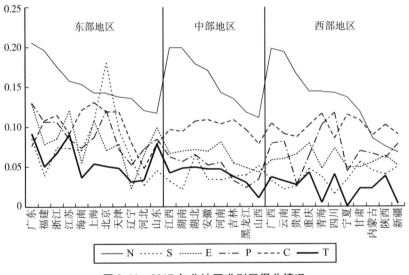

图 3.11　2017 年分地区准则层得分情况

2008～2017 年中国能源供给结构优化程度各准则层得分趋势如图 3.12 所示。自然条件（平均得分 0.1416）与环境因素（平均得分 0.1094）对中国能源供给结构优化整体层面的影响明显高于其他准则层。

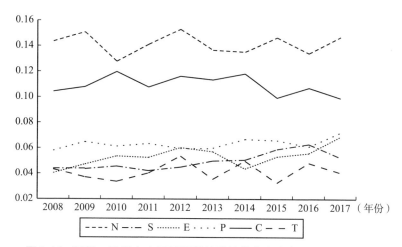

图 3.12　2008～2017 年中国能源供给结构优化程度各准则层得分趋势

2008～2017 年十年间中国能源供给结构优化程度综合得分如图 3.13 所示，2008～2017 年中国能源供给结构优化程度的综合得分整体呈减速上升趋势。

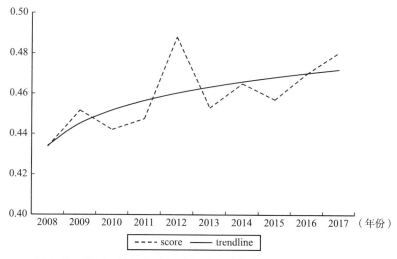

图 3.13　2008～2017 年中国能源供给结构优化程度综合得分趋势

注：score 为中国能源供给结构优化程度综合得分，trendline 为综合得分的趋势线。

3.4.2 环境规制一般水平下中国能源供给结构优化程度的实证分析

3.4.2.1 评价指标和模型的选取

以组合权重模型测算的中国能源供给结构优化程度评价指标权重为基础，对中国能源供给结构优化程度进行评价。在环境规制一般水平下进行中国能源供给结构优化程度测算时，只将环境因素准则层作为因素之一加入测算过程中。根据表 3.8 中指标层组合权重结果，确定相应指标层和准则层权重，具体如表 3.9 所示。

表 3.9　　　　　　　　中国能源供给结构优化程度评价指标及权重

准则层名称	指标层符号	2008 年		2009 年		2010 年		2011 年		2012 年	
		准则层权重	指标层权重	准则层权重	指标层权重	准则层权重	指标层权重	准则层权重	指标层权重	准则层权重	指标层权重
环境因素 C	C1	0.1927	0.0574	0.2025	0.051	0.2254	0.0804	0.2009	0.0584	0.2002	0.0550
	C2		0.0459		0.0479		0.0493		0.0463		0.0586
	C3		0.0352		0.0563		0.0432		0.0499		0.0430
	C4		0.0542		0.0473		0.0525		0.0463		0.0436
自然条件 N	N1	0.2052	0.0341	0.2134	0.0402	0.1881	0.0283	0.1951	0.0355	0.2068	0.0431
	N2		0.0524		0.0544		0.0523		0.0591		0.0606
	N3		0.0562		0.0573		0.0473		0.0497		0.0590
	N4		0.0625		0.0615		0.0602		0.0508		0.0441
社会条件 S	S1	0.1801	0.0482	0.1641	0.0356	0.1744	0.0516	0.1635	0.0488	0.1601	0.0518
	S2		0.0512		0.0349		0.0472		0.0341		0.0463
	S3		0.0406		0.0316		0.0423		0.0370		0.0218
	S4		0.0401		0.062		0.0333		0.0436		0.0402

续表

准则层名称	指标层符号	2008 年		2009 年		2010 年		2011 年		2012 年	
		准则层权重	指标层权重	准则层权重	指标层权重	准则层权重	指标层权重	准则层权重	指标层权重	准则层权重	指标层权重
经济条件 E	E1		0.0470		0.0700		0.0560		0.0668		0.0818
	E2	0.1547	0.0544	0.1513	0.0430	0.1547	0.0478	0.1623	0.0506	0.1495	0.0414
	E3		0.0533		0.0383		0.0509		0.0449		0.0263
能源规划 P	P1		0.0551		0.0430		0.0637		0.0763		0.0586
	P2	0.1654	0.0594	0.1817	0.0771	0.1709	0.0587	0.1813	0.0507	0.1670	0.0522
	P3		0.0509		0.0616		0.0485		0.0543		0.0562
科技水平 T	T1		0.0422		0.0386		0.0322		0.0435		0.0626
	T2	0.1019	0.0597	0.0870	0.0484	0.0867	0.0545	0.0969	0.0534	0.1163	0.0537

准则层名称	指标层符号	2013 年		2014 年		2015 年		2016 年		2017 年	
		准则层权重	指标层权重	准则层权重	指标层权重	准则层权重	指标层权重	准则层权重	指标层权重	准则层权重	指标层权重
环境因素 C	C1		0.0646		0.053		0.0594		0.0710		0.0487
	C2	0.2083	0.0391	0.2048	0.0515	0.1991	0.0314	0.1940	0.0409	0.1722	0.0326
	C3		0.0473		0.043		0.0368		0.0279		0.0403
	C4		0.0573		0.0573		0.0715		0.0542		0.0506
自然条件 N	N1		0.0337		0.0368		0.0442		0.0364		0.0316
	N2	0.1966	0.0550	0.1916	0.0527	0.2054	0.0551	0.1819	0.0621	0.2055	0.0520
	N3		0.0508		0.0449		0.0497		0.0390		0.0577
	N4		0.0571		0.0572		0.0564		0.0444		0.0642
社会条件 S	S1		0.0479		0.0513		0.0506		0.0663		0.0591
	S2	0.1857	0.0584	0.1898	0.0549	0.1976	0.0736	0.2152	0.0591	0.1822	0.0566
	S3		0.0331		0.0399		0.0337		0.0349		0.0246
	S4		0.0463		0.0437		0.0397		0.0549		0.0419
经济条件 E	E1		0.0598		0.0414		0.0531		0.0603		0.0597
	E2	0.1583	0.0554	0.1442	0.0565	0.1465	0.0490	0.1444	0.0429	0.1634	0.0570
	E3		0.0431		0.0463		0.0444		0.0412		0.0467

续表

准则层名称	指标层符号	2013 年		2014 年		2015 年		2016 年		2017 年	
		准则层权重	指标层权重	准则层权重	指标层权重	准则层权重	指标层权重	准则层权重	指标层权重	准则层权重	指标层权重
能源规划 P	P1	0.1595	0.0617	0.1627	0.0637	0.1691	0.0712	0.1562	0.0652	0.1815	0.0766
	P2		0.0571		0.0459		0.0503		0.0461		0.0493
	P3		0.0407		0.0531		0.0476		0.0449		0.0556
科技水平 T	T1	0.0916	0.0348	0.1068	0.0571	0.0822	0.0314	0.1083	0.0517	0.0952	0.0427
	T2		0.0568		0.0497		0.0508		0.0566		0.0525

在评价模型方面，由于单一目标的能源供给结构优化程度评价不能满足能源发展的多元性和复杂性需求，学者们逐步采用多目标评价模型对能源供给结构优化程度进行分析，研究模型涉及如 Delphi 法、模糊综合评价模型、层次分析、数据包络分析等多种多目标评价模型。然而，这些模型大多计算比较复杂，并且相关属性权重的确定过于依赖专家的主观判断。TOPSIS 模型则能够充分运用原始数据信息，反映各方案之间的差距和实际情况。尽管如此，传统 TOPSIS 模型尚存在不足，因此，下文将在运用传统 TOPSIS 模型进行评价基础上，针对传统 TOPSIS 模型容易出现的逆序现象进行改进，运用SPA-TOPSIS 模型对中国能源供给结构优化程度进行评价，使评价结果更加全面、合理。

3.4.2.2 运用传统 TOPSIS 模型测度能源供给结构优化程度

根据传统 TOPSIS 模型对中国能源供给结构优化程度进行测度，将表 3.3 中指标层数据与中国能源供给结构优化程度各指标层对应的组合权重相乘，作为权重格式化值。将权重格式化值代入公式（3 -28）、公式（3 -29）中，测算各地区到理想点的距离 D^+，如表 3.10 所示，以及各地区到负理想点的距离 D^-，如表 3.11 所示。

表 3.10 各地区到理想点的距离

省份	2008 年	2009 年	2010 年	2011 年	2012 年	2013 年	2014 年	2015 年	2016 年	2017 年
北京	0.1231	0.1315	0.1190	0.1297	0.1319	0.1291	0.1237	0.1252	0.1086	0.1178
天津	0.1331	0.1256	0.1217	0.1176	0.1115	0.1309	0.1298	0.1368	0.1202	0.1348
河北	0.1651	0.1664	0.1679	0.1623	0.1513	0.1651	0.1585	0.1588	0.1569	0.1585
山西	0.1678	0.1803	0.1817	0.1715	0.1578	0.1709	0.1671	0.1831	0.1768	0.1726
内蒙古	0.1652	0.1629	0.1722	0.1724	0.1513	0.1717	0.1560	0.1638	0.1621	0.1646
辽宁	0.1507	0.1557	0.1494	0.1390	0.1309	0.1470	0.1363	0.1505	0.1528	0.1595
吉林	0.1606	0.1545	0.1556	0.1512	0.1399	0.1590	0.1573	0.1644	0.1576	0.1595
黑龙江	0.1727	0.1693	0.1600	0.1604	0.1458	0.1668	0.1561	0.1725	0.1608	0.1654
上海	0.1228	0.1310	0.1218	0.1280	0.1331	0.1294	0.1309	0.1362	0.1141	0.1217
江苏	0.1162	0.1230	0.1232	0.1246	0.1188	0.1156	0.1138	0.1190	0.1066	0.1056
浙江	0.1148	0.1238	0.1177	0.1194	0.1205	0.1151	0.1073	0.1089	0.1027	0.1018
安徽	0.1533	0.1442	0.1500	0.1491	0.1351	0.1484	0.1424	0.1514	0.1442	0.1409
福建	0.1293	0.1193	0.1263	0.1193	0.1186	0.1225	0.1188	0.1249	0.1209	0.1196
江西	0.1524	0.1427	0.1428	0.1416	0.1334	0.1426	0.1429	0.1487	0.1442	0.1407
山东	0.1437	0.1516	0.1549	0.1477	0.1370	0.1466	0.1365	0.1378	0.1424	0.1343
河南	0.1573	0.1571	0.1663	0.1646	0.1443	0.1554	0.1494	0.1498	0.1527	0.1428
湖北	0.1452	0.1354	0.1373	0.1326	0.1292	0.1436	0.1348	0.1378	0.1314	0.1253
湖南	0.1508	0.1385	0.1458	0.1424	0.1341	0.1428	0.1410	0.1495	0.1417	0.1425
广东	0.0941	0.1092	0.1085	0.1036	0.1130	0.1031	0.1002	0.0991	0.0967	0.0841
广西	0.1496	0.1378	0.1435	0.1428	0.1290	0.1407	0.1384	0.1431	0.1392	0.1380
海南	0.1603	0.1635	0.1498	0.1391	0.1342	0.1488	0.1442	0.1467	0.1406	0.1454
重庆	0.1532	0.1472	0.1533	0.1476	0.1303	0.1453	0.1392	0.1461	0.1370	0.1434
四川	0.1517	0.1488	0.1517	0.1433	0.1309	0.1453	0.1411	0.1518	0.1459	0.1436
贵州	0.1709	0.1561	0.1723	0.1694	0.1475	0.1600	0.1598	0.1626	0.1616	0.1659
云南	0.1572	0.1424	0.1484	0.1509	0.1329	0.1451	0.1425	0.1525	0.1468	0.1455
陕西	0.1660	0.1538	0.1517	0.1435	0.1354	0.1530	0.1465	0.1583	0.1540	0.1595
甘肃	0.1610	0.1531	0.1499	0.1516	0.1372	0.1455	0.1469	0.1511	0.1526	0.1558

续表

省份	2008 年	2009 年	2010 年	2011 年	2012 年	2013 年	2014 年	2015 年	2016 年	2017 年
青海	0.1592	0.1454	0.1465	0.1444	0.1415	0.1487	0.1558	0.1505	0.1510	0.1525
宁夏	0.1744	0.1562	0.1630	0.1658	0.1602	0.1680	0.1710	0.1704	0.1649	0.1697
新疆	0.1760	0.1767	0.1706	0.1749	0.1657	0.1714	0.1628	0.1652	0.1667	0.1650

表 3.11　　　　　　　　　　　　　　　各地区到负理想点的距离

省份	2008 年	2009 年	2010 年	2011 年	2012 年	2013 年	2014 年	2015 年	2016 年	2017 年
北京	0.1604	0.1629	0.1677	0.1660	0.1734	0.1689	0.1727	0.1753	0.1846	0.1782
天津	0.1379	0.1503	0.1517	0.1569	0.1719	0.1491	0.1468	0.1431	0.1542	0.1479
河北	0.0934	0.0950	0.0858	0.0906	0.1084	0.0902	0.0978	0.1016	0.0979	0.1042
山西	0.1100	0.1091	0.1017	0.1114	0.1290	0.1041	0.1108	0.0988	0.1020	0.1027
内蒙古	0.1075	0.1207	0.1063	0.1029	0.1231	0.0878	0.1063	0.0994	0.0982	0.1048
辽宁	0.1069	0.1094	0.1088	0.1150	0.1271	0.1089	0.1159	0.1110	0.1094	0.1085
吉林	0.1104	0.1219	0.1156	0.1127	0.1342	0.1149	0.1122	0.1077	0.1140	0.1153
黑龙江	0.0956	0.0987	0.1051	0.1018	0.1204	0.0979	0.1059	0.0958	0.1012	0.1022
上海	0.1507	0.1478	0.1546	0.1542	0.1594	0.1535	0.1555	0.1537	0.1654	0.1628
江苏	0.1464	0.1415	0.1368	0.1349	0.1475	0.1436	0.1452	0.1418	0.1504	0.1528
浙江	0.1361	0.1399	0.1325	0.1347	0.1456	0.1392	0.1427	0.1416	0.1476	0.1518
安徽	0.1180	0.1250	0.1187	0.1220	0.1395	0.1209	0.1210	0.1194	0.1262	0.1293
福建	0.1328	0.1466	0.1336	0.1386	0.1462	0.1369	0.1386	0.1388	0.1433	0.1510
江西	0.1202	0.1320	0.1263	0.1322	0.1424	0.1290	0.1259	0.1280	0.1323	0.1396
山东	0.1241	0.1173	0.1160	0.1177	0.1294	0.1235	0.1294	0.1377	0.1273	0.1368
河南	0.1067	0.1111	0.0975	0.1006	0.1212	0.1048	0.1097	0.1132	0.1126	0.1239
湖北	0.1172	0.1266	0.1226	0.1279	0.1397	0.1193	0.1225	0.1274	0.1325	0.1383
湖南	0.1156	0.1261	0.1173	0.1228	0.1364	0.1249	0.1237	0.1253	0.1283	0.1363
广东	0.1676	0.1645	0.1555	0.1608	0.1613	0.1610	0.1668	0.1624	0.1636	0.1788
广西	0.1188	0.1398	0.1241	0.1234	0.1430	0.1306	0.1324	0.1325	0.1393	0.1421
海南	0.1396	0.1408	0.1521	0.1623	0.1655	0.1490	0.1493	0.1510	0.1525	0.1474

续表

省份	2008 年	2009 年	2010 年	2011 年	2012 年	2013 年	2014 年	2015 年	2016 年	2017 年
重庆	0.1129	0.1224	0.1151	0.1268	0.1515	0.1279	0.1272	0.1271	0.1355	0.1303
四川	0.1147	0.1181	0.1170	0.1214	0.1428	0.1283	0.1277	0.1250	0.1256	0.1355
贵州	0.1072	0.1165	0.1032	0.1086	0.1391	0.1216	0.1160	0.1197	0.1225	0.1225
云南	0.1294	0.1365	0.1276	0.1251	0.1415	0.1286	0.1283	0.1226	0.1300	0.1361
陕西	0.0945	0.1128	0.1051	0.1138	0.1264	0.1053	0.1146	0.1015	0.1027	0.1031
甘肃	0.1151	0.1235	0.1200	0.1158	0.1332	0.1242	0.1209	0.1228	0.1186	0.1212
青海	0.1299	0.1481	0.1424	0.1430	0.1496	0.1411	0.1302	0.1372	0.1363	0.1324
宁夏	0.1157	0.1294	0.1257	0.1198	0.1326	0.1187	0.1114	0.1130	0.1184	0.1173
新疆	0.0878	0.0881	0.0905	0.0869	0.0998	0.0896	0.0965	0.0963	0.1007	0.0987

3.4.2.3　运用 SPA-TOPSIS 模型测度能源供给结构优化程度

（1）联系度的测算。

根据 SPA-TOPSIS 综合评价模型对中国能源供给结构优化程度进行测度，将表 3.3 中指标层所对应的数据，以及中国能源供给结构优化程度评价指标权重代入公式（3-33）、公式（3-34）中，进行中国能源供给结构优化联系度整合计算，可以得到各地区与理想点的联系度 σ_k^+，以及与负理想点的联系度 σ_k^-。

由于各年份联系度的计算原理及过程相同，在此为了节约文章篇幅，只以 2017 年中国 30 个省份（不包含我国西藏和港澳台地区）的联系度为例进行联系度分析，2017 年各地区与理想点和负理想点的联系度函数，如表 3.12 所示。

表 3.12　　　　　　　各省份与理想点和负理想点的联系度函数

省份	理想点的联系度函数	负理想点的联系度函数
北京	$\sigma_1^+ = 0.6826 + 0.3174i$	$\sigma_1^- = 0.0078 + 0.6402i + 0.3520j$
天津	$\sigma_2^+ = 0.5497 + 0.4504i$	$\sigma_2^- = 0.0163 + 0.9837i$

续表

省份	理想点的联系度函数	负理想点的联系度函数
河北	$\sigma_3^+ = 0.3656 + 0.5941i + 0.0403j$	$\sigma_3^- = 0.0459 + 0.9541i$
山西	$\sigma_4^+ = 0.3289 + 0.5630i + 0.1082j$	$\sigma_4^- = 0.1189 + 0.8292i + 0.0520j$
内蒙古	$\sigma_5^+ = 0.3647 + 0.6354i$	$\sigma_5^- = 0.0147 + 0.9297i + 0.0556j$
辽宁	$\sigma_6^+ = 0.3801 + 0.5603i + 0.0597j$	$\sigma_6^- = 0.0641 + 0.9359i$
吉林	$\sigma_7^+ = 0.4060 + 0.5941i$	$\sigma_7^- = 0.0063 + 0.9938i$
黑龙江	$\sigma_8^+ = 0.3565 + 0.5376i + 0.1059j$	$\sigma_8^- = 0.1159 + 0.8841i$
上海	$\sigma_9^+ = 0.6292 + 0.3708i$	$\sigma_9^- = 0.0060 + 0.7470i + 0.2471j$
江苏	$\sigma_{10}^+ = 0.6184 + 0.3817i$	$\sigma_{10}^- = 0.0019 + 0.9981i$
浙江	$\sigma_{11}^+ = 0.6236 + 0.3764i$	$\sigma_{11}^- = 0.0019 + 0.8885i + 0.1096j$
安徽	$\sigma_{12}^+ = 0.4815 + 0.5185i$	$\sigma_{12}^- = 0.0047 + 0.9954i$
福建	$\sigma_{13}^+ = 0.5775 + 0.4226i$	$\sigma_{13}^- = 0.0030 + 0.8874i + 0.1096j$
江西	$\sigma_{14}^+ = 0.4994 + 0.5006i$	$\sigma_{14}^- = 0.0049 + 0.8855i + 0.1096j$
山东	$\sigma_{15}^+ = 0.5029 + 0.4484i + 0.0487j$	$\sigma_{15}^- = 0.0518 + 0.8976i + 0.0506j$
河南	$\sigma_{16}^+ = 0.4631 + 0.5369i$	$\sigma_{16}^- = 0.0048 + 0.9952i$
湖北	$\sigma_{17}^+ = 0.5364 + 0.4636i$	$\sigma_{17}^- = 0.0038 + 0.9962i$
湖南	$\sigma_{18}^+ = 0.4887 + 0.4547i + 0.0566j$	$\sigma_{18}^- = 0.0616 + 0.8288i + 0.1096j$
广东	$\sigma_{19}^+ = 0.7180 + 0.2495i + 0.0326j$	$\sigma_{19}^- = 0.0340 + 0.7923i + 0.1737j$
广西	$\sigma_{20}^+ = 0.5094 + 0.4488i + 0.0419j$	$\sigma_{20}^- = 0.0474 + 0.9526i$
海南	$\sigma_{21}^+ = 0.5092 + 0.3845i + 0.1063j$	$\sigma_{21}^- = 0.1583 + 0.7527i + 0.0890j$
重庆	$\sigma_{22}^+ = 0.4804 + 0.5197i$	$\sigma_{22}^- = 0.0058 + 0.9345i + 0.0597j$
四川	$\sigma_{23}^+ = 0.4751 + 0.4106i + 0.1143j$	$\sigma_{23}^- = 0.1179 + 0.8822i$
贵州	$\sigma_{24}^+ = 0.3985 + 0.5178i + 0.0837j$	$\sigma_{24}^- = 0.1041 + 0.8440i + 0.0520j$
云南	$\sigma_{25}^+ = 0.4804 + 0.5197i$	$\sigma_{25}^- = 0.0185 + 0.9815i$
陕西	$\sigma_{26}^+ = 0.3789 + 0.6211i$	$\sigma_{26}^- = 0.0052 + 0.9949i$
甘肃	$\sigma_{27}^+ = 0.4236 + 0.5765i$	$\sigma_{27}^- = 0.0499 + 0.9502i$
青海	$\sigma_{28}^+ = 0.4525 + 0.3913i + 0.1562j$	$\sigma_{28}^- = 0.1598 + 0.7584i + 0.0819j$
宁夏	$\sigma_{29}^+ = 0.3795 + 0.5137i + 0.1069j$	$\sigma_{29}^- = 0.1241 + 0.8759i$
新疆	$\sigma_{30}^+ = 0.3406 + 0.6075i + 0.0520j$	$\sigma_{30}^- = 0.0753 + 0.9247i$

在中国 30 个省份，广东与理想点间联系度的相同特性系数值最高
（0.7180），相反特性系数值较低，能源供给结构优化程度理想。北京
（0.6826）、上海（0.6292）、浙江（0.6236）、江苏（0.6184）等与理想点间
联系度的相同特性系数值相对较高，且均高于 0.6，能源供给结构优化程度
相对理想。山西（0.3289）、新疆（0.3406）、黑龙江（0.3565）、内蒙古
（0.3647）、河北（0.3656）等与理想点间联系度的相同特性系数值相对较
低，其中山西（0.1189）和黑龙江（0.1159）与负理想点间联系度的相同特
性系数值相对较高，以上省份的能源供给结构优化程度最不理想，能源供给
结构有待调整。

（2）相对贴近度的测算。

运用相对贴近度概念对各地区能源供给结构优化程度做进一步评价，
根据联系度函数，测算各地区与理想点的联系向量距离 d_k^+，以及与负理
想点的联系向量距离 d_k^-，并将结果代入公式（3 - 35）中，测算各地区
的相对贴近度值。2008 ~ 2017 年部分年份各地区相对贴近度及其趋势，
如图 3.14 所示。

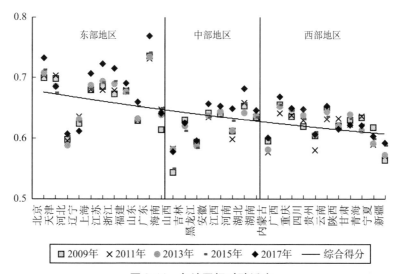

图 3.14 各地区相对贴近度

从相对贴近度趋势线可以看出，中国能源供给结构优化程度的相对贴近度由东到西呈递减状态，东部地区与理想点间的相对贴近度明显高于全国其他地区，中部地区次之，而西部地区的相对贴近度则普遍偏低。导致这种结局的原因在于，受地理位置、资源禀赋等因素的影响，东部地区在社会条件、经济条件、环境因素及科技水平等方面均显著优于西部地区，使得东部地区拥有较强的综合实力推动地区能源供给结构优化发展。

3.4.2.4 实证结果分析

传统 TOPSIS 模型只能依据相对贴近度的最终值对评价对象进行排序，而 SPA-TOPSIS 模型运用系统分析思想，对不确定性问题进行评价，在评价过程中，可以确定评价对象与理想方案间的差距程度，并对最终结果进行排序。为进一步体现本书模型的合理性以及与现有模型的差异性，分别运用传统 TOPSIS 模型及 SPA-TOPSIS 模型对中国 30 个省份（不包含我国西藏和港澳台地区）的能源供给结构优化程度进行研究，2008～2017 年中国 30 个省份环境规制一般水平下的能源供给结构优化程度贴近度均值及排名情况，如表 3.13 所示。

表 3.13 各省份能源供给结构优化程度及排名

省份	传统 TOPSIS		SPA-TOPSIS	
	c_k	排名	c_k	排名
北京	0.5798	2	0.7148	2
天津	0.5446	6	0.6919	4
河北	0.3745	29	0.5998	25
山西	0.3842	28	0.5718	30
内蒙古	0.3911	26	0.5967	27
辽宁	0.4326	20	0.6299	18

续表

省份	传统 TOPSIS		SPA-TOPSIS	
	c_k	排名	c_k	排名
吉林	0.4262	21	0.6229	21
黑龙江	0.3861	27	0.5957	28
上海	0.5511	5	0.6901	6
江苏	0.5527	4	0.6967	3
浙江	0.5551	3	0.6914	5
安徽	0.4593	18	0.6407	14
福建	0.5355	7	0.6781	7
江西	0.4772	12	0.6429	12
山东	0.4677	15	0.6411	13
河南	0.4169	24	0.6194	23
湖北	0.4849	10	0.6571	8
湖南	0.4677	16	0.6369	16
广东	0.6190	1	0.7414	1
广西	0.4858	9	0.6543	9
海南	0.5062	8	0.6402	15
重庆	0.4691	14	0.6450	10
四川	0.4633	17	0.6353	17
贵州	0.4196	22	0.6002	24
云南	0.4714	13	0.6435	18
陕西	0.4150	25	0.6208	22
甘肃	0.4468	19	0.6293	19
青海	0.4816	11	0.6250	20
宁夏	0.4194	23	0.5991	26
新疆	0.3555	30	0.5790	29

运用两种模型测算的能源供给结构优化程度均在前六的省份有：北京、天津、上海、江苏、浙江、广东，以上省份在社会、经济、能源、环境等方面发展均衡，能源供给结构优化程度比较理想。特别是广东和北京能源供给结构发展优势明显，其中北京作为中国首都，各项发展的试点、示范作用凸显，北京市政府重视能源的发展与规划，坚持走低碳清洁的能源发展道路，并连续十年超额完成年度节能目标，有利于其能源供给结构的优化发展。河北、山西、内蒙古、黑龙江、新疆等与理想点的相对贴近度则偏低，能源供给结构尚需进一步优化，在 SPA-TOPSIS 模型结果中，山西的相对贴近度最低，究其原因是山西有独特的区位优势和丰富的矿产资源，煤炭储备量居全国首位，原煤、焦炭等产业产能和产量都是全国最大省份之一，山西作为中国的能源原材料基地，长久以来的粗放式发展制约了其能源结构的优化。综合以上分析，可见 SPA-TOPSIS 模型对能源供给结构优化程度进行评价，具有一定的合理性。

运用传统 TOPSIS 模型和 SPA-TOPSIS 模型对各地区能源供给结构优化程度进行评价，两种评价模型的结果基本一致，但也存在差异，例如，海南在 SPA-TOPSIS 模型下的排序为第十五，而在传统 TOPSIS 模型下的排序为第八；青海在 SPA-TOPSIS 模型下的排序为第二十，而在传统 TOPSIS 模型下的排序为第十一。这是由于传统 TOPSIS 模型忽视了两距离之间的相关性，存在着"与理想解欧式距离更近的方案，可能与负理想解的欧式距离也更近"的缺陷，导致评价结果存在逆序现象，无法全面、真实地反映方案优劣性。而改进后的 TOPSIS 模型考虑了距离间的相关性，用联系向量距离替换欧式距离，可以消除传统 TOPSIS 模型的逆序现象。

对中国 30 个省份的能源供给结构优化程度进行分类。中国能源供给结构优化程度存在地区性差异，且东部沿海地区有显著优势。随着时间推移，中国能源供给结构优化程度的空间分布出现部分变化，处于第一阶段的地区逐渐增多，中国能源供给结构优化程度逐渐升高。

3.4.3　环境规制加强水平下中国能源供给结构优化程度的实证分析

3.4.3.1　评价指标和模型的选取

本节中所需各数据的主要来源及处理方式、指标层各指标的选取均与第3.4.2节中相同，在此不做赘述。在环境规制加强水平下进行中国能源供给结构优化程度测算时，令 C_{qi} 为环境规制加强水平下环境因素准则层权重，C_i 为环境规制一般水平下环境因素准则层权重，r 为环境因素准则层权重提高百分比。在上文环境规制一般水平基础上，增加环境规制强度，环境规制加强水平下环境因素准则层权重计算公式为：$C_{qi} = C_i \times (1 + r) / [1 + (C_{qi} - C_i)]$，其余 5 项准则层权重计算公式为：$Z_{qi} = Z_i / [1 + (C_{qi} - C_i)]$。当环境因素准则层权重提高 50% 时，各准则层权重，如表 3.14 所示。

表 3.14　　　　　　　　　中国能源供给结构优化程度准则层权重

准则层名称	分年份权重									
	2008 年	2009 年	2010 年	2011 年	2012 年	2013 年	2014 年	2015 年	2016 年	2017 年
环境因素 C	0.2636	0.2758	0.3038	0.2738	0.2730	0.2830	0.2787	0.2716	0.2653	0.2378
自然条件 N	0.1872	0.1938	0.1690	0.1773	0.1880	0.1781	0.1738	0.1868	0.1658	0.1892
社会条件 S	0.1643	0.1490	0.1567	0.1486	0.1455	0.1682	0.1722	0.1797	0.1962	0.1678
经济条件 E	0.1411	0.1374	0.1390	0.1475	0.1359	0.1434	0.1308	0.1332	0.1316	0.1504
能源规划 P	0.1509	0.1650	0.1536	0.1648	0.1518	0.1445	0.1476	0.1538	0.1424	0.1671
科技水平 T	0.0929	0.0790	0.0779	0.0881	0.1057	0.0830	0.0969	0.0748	0.0987	0.0877

在评价模型方面，选取前文构建的既能充分反映中国各地区间差距和实际情况，又能避免逆序现象出现的 SPA-TOPSIS 模型，对环境规制加强水平下的中国能源供给结构优化程度进行评价。

3.4.3.2 环境规制加强水平下的评价结果

根据 SPA-TOPSIS 模型原理，测算环境规制加强水平下中国能源供给结构优化程度。首先，将表 3.14 中重新分配的准则层权重与原始指标层权重相结合，测算出环境规制加强水平下各指标层权重分配；其次，根据公式（3-33）、公式（3-34）分别测算中国各地区与理想点和负理想点间的联系向量距离 d_k^+ 和 d_k^-，如表 3.15、表 3.16 所示；最后，将联系向量距离 d_k^+ 和 d_k^- 代入公式（3-35）中，测算出各地区与理想点的相对贴近度，2008~2017 年间部分年份各地区相对贴近度及其趋势线如图 3.15 所示。

表 3.15　　　　　　　　　　各省份到理想点的距离

省份	2008 年	2009 年	2010 年	2011 年	2012 年	2013 年	2014 年	2015 年	2016 年	2017 年
北京	0.5106	0.5229	0.4925	0.4899	0.4424	0.5146	0.4680	0.4948	0.4335	0.4480
天津	0.6350	0.5782	0.5672	0.5236	0.5162	0.6017	0.6044	0.6396	0.5834	0.6212
河北	0.9431	0.9419	0.9634	0.9512	0.8392	0.9006	0.8834	0.8727	0.8696	0.8704
山西	0.8368	0.8505	0.8977	0.9120	0.8069	0.9175	0.8498	0.9194	0.8945	0.8731
内蒙古	0.9012	0.8908	0.9300	0.9333	0.8366	0.9358	0.8714	0.9026	0.9099	0.8812
辽宁	0.8144	0.8535	0.8372	0.8139	0.7535	0.8218	0.7760	0.8373	0.8198	0.8312
吉林	0.8430	0.8020	0.8280	0.8188	0.7528	0.8285	0.8395	0.8640	0.8339	0.8149
黑龙江	0.8642	0.8833	0.8498	0.8307	0.7756	0.8486	0.8089	0.8555	0.8411	0.8271
上海	0.5698	0.5927	0.5672	0.5378	0.5720	0.5404	0.5652	0.5891	0.5198	0.5099
江苏	0.6104	0.6492	0.6582	0.6844	0.6256	0.6133	0.6017	0.6314	0.5667	0.5495
浙江	0.6298	0.6514	0.6478	0.6528	0.6206	0.6120	0.5792	0.5883	0.5538	0.5276
安徽	0.8052	0.7686	0.7956	0.7915	0.7296	0.7842	0.7284	0.7733	0.7592	0.7164
福建	0.6721	0.6246	0.6660	0.6334	0.6301	0.6378	0.6168	0.6379	0.6150	0.5919
江西	0.7947	0.7346	0.7487	0.7276	0.7025	0.7453	0.7522	0.7616	0.7368	0.7009

续表

省份	2008 年	2009 年	2010 年	2011 年	2012 年	2013 年	2014 年	2015 年	2016 年	2017 年
山东	0.7187	0.7530	0.7460	0.7509	0.6964	0.7269	0.6934	0.6660	0.6949	0.6658
河南	0.8595	0.8476	0.9142	0.9115	0.7983	0.8511	0.8418	0.8319	0.8438	0.7439
湖北	0.7789	0.7364	0.7328	0.7087	0.7071	0.7700	0.7332	0.7290	0.7021	0.6460
湖南	0.7904	0.7650	0.7954	0.7766	0.7284	0.7211	0.7545	0.7673	0.7370	0.6826
广东	0.4514	0.4993	0.5243	0.4939	0.5051	0.4939	0.4664	0.4912	0.4685	0.4019
广西	0.8099	0.7208	0.7727	0.7833	0.6809	0.7336	0.6906	0.7328	0.6552	0.6574
海南	0.6445	0.6424	0.5961	0.5459	0.5336	0.6186	0.6285	0.6459	0.5940	0.6052
重庆	0.8162	0.7865	0.8177	0.7807	0.6754	0.7463	0.7199	0.6795	0.7071	0.7224
四川	0.8356	0.8056	0.8295	0.8117	0.7020	0.7313	0.7333	0.7586	0.7517	0.6780
贵州	0.8685	0.8384	0.8684	0.8370	0.7380	0.8019	0.7976	0.8033	0.7703	0.7896
云南	0.7920	0.7318	0.7385	0.7518	0.7055	0.7493	0.7333	0.7602	0.7361	0.7294
陕西	0.8774	0.8380	0.8299	0.7792	0.7595	0.8337	0.7965	0.8686	0.8517	0.8544
甘肃	0.8297	0.7623	0.7562	0.7789	0.7318	0.7295	0.7383	0.7682	0.8052	0.7925
青海	0.7507	0.6801	0.6905	0.6819	0.6461	0.6539	0.6709	0.6840	0.6697	0.6710
宁夏	0.8051	0.7405	0.7486	0.8066	0.7308	0.7783	0.8093	0.8165	0.7915	0.7849
新疆	0.9048	0.8841	0.8969	0.9529	0.8519	0.9336	0.8866	0.8948	0.8701	0.8802

表 3.16   各省份到负理想点的距离

省份	2008 年	2009 年	2010 年	2011 年	2012 年	2013 年	2014 年	2015 年	2016 年	2017 年
北京	1.2575	1.2625	1.2687	1.2020	1.1225	1.2761	1.1922	1.2278	1.2370	1.2395
天津	1.3534	1.3943	1.3919	1.3051	1.3474	1.3656	1.3532	1.3620	1.3879	1.3924
河北	1.4048	1.4067	1.4067	1.4049	1.2979	1.2748	1.2994	1.3345	1.3518	1.3278
山西	1.1547	1.0313	1.1423	1.2982	1.2394	1.3015	1.2426	1.1491	1.1729	1.2267

省份	2008 年	2009 年	2010 年	2011 年	2012 年	2013 年	2014 年	2015 年	2016 年	2017 年
内蒙古	1.3309	1.3248	1.3363	1.2684	1.3943	1.3213	1.3989	1.3696	1.3976	1.3601
辽宁	1.3428	1.4067	1.4070	1.4054	1.4091	1.4086	1.4094	1.4078	1.3309	1.3303
吉林	1.4048	1.4051	1.4058	1.4056	1.4028	1.4032	1.4030	1.4022	1.3658	1.4055
黑龙江	1.2020	1.3248	1.3068	1.2578	1.3358	1.2468	1.2721	1.2414	1.3206	1.2629
上海	1.2755	1.2842	1.2839	1.1786	1.3228	1.2278	1.2425	1.2775	1.2800	1.2762
江苏	1.3740	1.3807	1.3775	1.4106	1.3779	1.3761	1.3801	1.3795	1.4113	1.4115
浙江	1.3467	1.3448	1.3525	1.3802	1.4106	1.3769	1.3786	1.3492	1.3511	1.3459
安徽	1.4059	1.4075	1.3784	1.4063	1.4081	1.4071	1.3526	1.3572	1.4004	1.4079
福建	1.3457	1.3447	1.3519	1.3801	1.4108	1.3766	1.3772	1.3483	1.3498	1.3443
江西	1.3427	1.3415	1.3492	1.3774	1.4081	1.3710	1.3739	1.3427	1.3398	1.3416
山东	1.2496	1.2683	1.2098	1.2551	1.2646	1.2345	1.2564	1.2318	1.2238	1.2684
河南	1.3464	1.3234	1.3611	1.3471	1.3571	1.3482	1.4037	1.4077	1.4029	1.4078
湖北	1.4072	1.4092	1.4086	1.4091	1.4092	1.4087	1.4091	1.4088	1.4088	1.4090
湖南	1.2706	1.3379	1.3445	1.3738	1.4071	1.2987	1.3723	1.3436	1.3466	1.2682
广东	1.2895	1.2926	1.2884	1.2611	1.2729	1.3023	1.2752	1.3205	1.2734	1.2508
广西	1.4048	1.3672	1.4064	1.4067	1.4082	1.4059	1.3569	1.4060	1.3084	1.3520
海南	1.0540	1.0634	1.0533	1.0422	1.1151	1.1434	1.1719	1.2106	1.1441	1.0985
重庆	1.4051	1.4070	1.4068	1.4076	1.3591	1.4056	1.4079	1.2400	1.3712	1.3675
四川	1.3662	1.3256	1.3702	1.3763	1.3808	1.3082	1.3154	1.3094	1.3580	1.2602
贵州	1.1996	1.3088	1.1962	1.1972	1.3205	1.2701	1.2565	1.2797	1.2186	1.2452
云南	1.3815	1.3915	1.3366	1.3447	1.3994	1.3910	1.3781	1.3504	1.3903	1.3896
陕西	1.3312	1.4052	1.4064	1.4071	1.4080	1.4063	1.3732	1.4057	1.4067	1.4072
甘肃	1.3724	1.3569	1.3417	1.3479	1.3791	1.3504	1.3457	1.3475	1.3481	1.3487

续表

省份	2008 年	2009 年	2010 年	2011 年	2012 年	2013 年	2014 年	2015 年	2016 年	2017 年
青海	1.2196	1.2339	1.2512	1.2482	1.2213	1.0752	1.0746	1.1650	1.1627	1.1471
宁夏	1.1848	1.2661	1.2137	1.2280	1.1954	1.1937	1.2406	1.2753	1.2672	1.2523
新疆	1.2580	1.2063	1.2542	1.3188	1.2395	1.2915	1.3137	1.3104	1.2788	1.3157

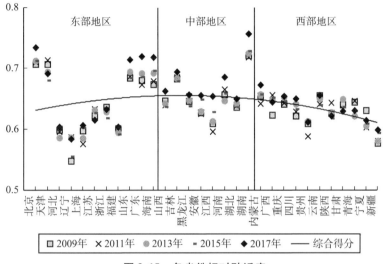

图 3.15　各省份相对贴近度

从图 3.15 中相对贴近度的趋势线可以看出，研究期内各地区各年份的相对贴近度是有变化的，且多数地区 2017 年的数值相对明显高于 2009 年和 2011 年，说明中国各地区能源供给结构优化程度具有较强的上升态势。环境规制加强水平下的中国能源供给结构优化程度呈现中间高、两端低的趋势。其中，东部地区各省份之间能源供给结构优化程度的差异最大，而西部地区各省份之间能源供给结构优化程度的差异最小。

3.4.3.3　实证结果分析

运用 SPA-TOPSIS 模型对环境规制加强水平下中国 30 个省份（不包含我

国西藏和港澳台地区）的能源供给结构优化程度进行研究，2008～2017 年中国 30 个省份环境规制加强水平下的能源供给结构优化程度相对贴近度均值及排名情况，如表 3.17 所示。

表 3.17　　　　　　　　各省份能源供给结构优化程度及排名

省份	c_k	排名	省份	c_k	排名
北京	0.7185	2	河南	0.6190	23
天津	0.6996	3	湖北	0.6606	8
河北	0.5993	28	湖南	0.6400	15
山西	0.5768	30	广东	0.7281	1
内蒙古	0.6002	27	广西	0.6567	9
辽宁	0.6294	21	海南	0.6470	13
吉林	0.6301	20	重庆	0.6493	11
黑龙江	0.6036	26	四川	0.6368	18
上海	0.6946	4	贵州	0.6063	25
江苏	0.6918	6	云南	0.6493	10
浙江	0.6925	5	陕西	0.6275	22
安徽	0.6456	14	甘肃	0.6378	16
福建	0.6831	7	青海	0.6342	19
江西	0.6473	12	宁夏	0.6119	24
山东	0.6368	17	新疆	0.5881	29

环境规制加强水平下的中国能源供给结构优化程度相对贴近度均值，比环境规制一般水平下相对贴近度均值高，说明当环境规制强度提升 50% 时，对中国整体能源供给结构优化程度的提升具有促进作用。但是，环境规制强度的提升，对各地区能源供给结构优化程度的作用方向及作用程度却存在差异。增强环境规制强度，对中国大部分省份能源供给结构优化程度均有促进作用，且这种促进作用在黑龙江、上海、海南、甘肃、宁夏等地区体现得较为明显；而对于河北、辽宁、江苏、山东等小部分省份的能源供给结构优化

则有抑制作用。

通过对比图 3.14 和图 3.15 可以看出，环境规制强度的提升对中部地区能源供给结构优化的作用最为明显，使中部地区优化程度甚至有超过东部地区的趋势，究其原因是东部地区部分发达省份现行的环境规制强度较其他省份高，使这些地区的科技、经济、能源供给结构等水平不足以适应超出现行 50% 的环境规制强度。因此，对于各地区而言，设置适合地区发展现状的环境规制强度是提高能源供给结构优化程度的必要途径。

3.5 本 章 小 结

本章运用词频分析法筛选出中国能源供给结构优化程度的评价指标，从惯性权重、粒子初始化方法等角度对基础 PSO 模型进行改进，运用改进 PSO、EA、MD 等多目标决策模型对能源供给结构优化程度各指标权重进行测算，并分析了各指标在不同地区间的差异。在此基础上，以环境规制下中国能源供给结构优化程度为研究重点，构建了能源供给结构优化程度评价模型。以 2008～2017 年中国 30 个省份的数据为样本，分别运用传统 TOPSIS 模型和 SPA-TOPSIS 模型对中国能源供给结构优化程度进行综合评价，并从不同环境规制强度入手，测度中国能源供给结构优化程度。研究结果表明，SPA-TOPSIS 模型可以有效克服传统 TOPSIS 模型逆序性缺点，更适用于中国能源供给结构优化程度评价研究；中国能源供给结构优化程度存在显著地区差异；增强地区间协调发展及发达地区的辐射力度，有利于中国整体能源供给结构优化程度的提升；环境规制强度的改变直接影响中国能源供给结构优化程度。

第 4 章

环境规制下中国能源供给结构优化效率研究

　　中国能源供给结构优化效率是指中国能源供给结构优化发展过程中的投入产出比例关系，中国能源供给结构优化效率的研究亦是从"量度"视角研究中国能源供给结构优化情况。中国能源供给结构优化效率是中国能源供给结构优化未来提升空间的体现。环境规制下中国能源供给结构优化效率用以衡量特定环境约束情况下，能源资源供给的有效性水平。从"量度"视角探索中国能源供给结构优化进展，量化能源供给结构优化发展过程中的投入产出比例关系，有效测度中国各地区能源供给结构优化效率有利于准确预测未来能源优化发展的提升空间，为提升中国能源供给结构优化水平提供有力保障。

4.1　能源供给结构优化效率测度模型构建

4.1.1　PP-SFA 静态模型的构建

4.1.1.1　PP 模型

PP 模型属于直接由样本数据驱动的探索性数据分析模型。对能源供给结构优化效率进行测算需要构建面板数据集作为研究基础，研究目标具有数据驱动特点。能源供给结构优化效率测度是一个复杂的系统优化测度过程，单一的经济增长不足以表征其全部产出。因此，在研究过程中需要从社会发展、经济增长、环境变化等多方面进行考量，构建高维产出数据模型。PP 模型根据影子原理，把高维数据投影到低维空间，寻找出能够最优反映高维数据结构或特征的投影指数。由此可见，PP 模型适用于能源供给结构优化产出数据的处理。PP 模型利用数值优化计算将多维数据通过最佳投影方向实现数据的降维，其产出变量的测算具体步骤如下（付强，2006）：

（1）构造投影寻踪函数。

$$Q(a_t) = S_y D_y \qquad (4-1)$$

其中，$S_y = \sqrt{\sum_{i=1}^{n} (y_{it} - \bar{y}_{it})^2 / n - 1}$ 为 y_{it} 的标准差；$D_y = \sum_{i=1}^{n} \sum_{j=1}^{n} (R - r_{ij}) u(R - r_{ij})$ 为 y_{it} 的局部密度；r_{ij} 为样本间的距离；$u(\cdot)$ 为单位阶跃函数。

（2）优化投影指标函数。

当样本集给定时，投影指标函数只随着投影方向的变化而变化。令产出指标数为 $j = (1, 2, \cdots, p)$，研究期 $t = (1, 2, \cdots, h)$，构造以 $a(j)_t$ 为优化变量的复杂非线性优化函数。由于常规的优化方法难以处理，因而利用加速遗传算法（RAGA）求解投影指标函数最大值和最佳投影方向 a_t^*（李国良等，2011），即：

$$\begin{cases} \max Q(a_t) = S_y D_y \\ \text{s. t.} \sum_{j=1}^{p} a^2(j)_t = 1 \end{cases} \qquad (4-2)$$

（3）计算产出投影指数。

$$y_{it} = \sum_{j=1}^{p} a(j)_t x(i, j)_t \qquad (4-3)$$

其中，$a(j)_t$ 表示第 t 年 30 个省份第 j 个变量的投影方向，$x(i, j)_t$ 为变量无量纲化平移后的数据。

4.1.1.2 SFA 模型

SFA 模型是在确定性生产函数的基础上提出的，具有符合扰动项的随机边界模型。该模型既可以测度技术效率，也可以分析各种扰动非效率因素对能源供给结构优化产出的影响。运用 SFA 模型进行效率测算，首先要选择合适的生产函数。常见的生产函数形式有柯布－道格拉斯生产函数、泽尔纳生产函数、超越对数生产函数等。其中，超越对数生产函数具有足够的弹性和很好的包容性，能够较好地规避因函数形式误设而产生的估计误差（郑照宁等，2004）。巴特斯（Battese）和科内尔（Coell）所提出的随机前沿模型的一般形式为：

$$Y_{it} = f(x_{it}, \ t) \exp(v_{it} - u_{it}) \tag{4-4}$$

其中，Y_{it} 表示能源供给结构优化产出，$f(\cdot)$ 表示用生产可能性边界确定的前沿产出，x_{it} 表示单位投入向量。$v_{it} - u_{it}$ 为误差项，$v_{it} \sim N(0, \ \sigma_v^2)$ 表示随机扰动影响；$u_{it} \geq 0$ 表示技术非效率项，服从非负断尾正态分布 $u_{it} \sim N(m_{it}, \ \sigma_u^2)$。技术效率 $TE_{it} = \exp(-u_{it})$ 表示实际产出期望与效率前沿面产出期望的比值，其值介于 $0 \sim 1$ 之间，$TE_{it} = 1$ 表示决策单位位于生产可能性边界上，即技术有效，否则技术无效。公式（4-4）的对数形式的随机前沿模型为：

$$\ln Y_{it} = \beta x_{it} + v_{it} - u_{it} \tag{4-5}$$

设计方差参数 $\gamma = \sigma_u^2 / (\sigma_v^2 + \sigma_u^2)$ 来检验复合扰动项中技术无效项的影响程度，γ 值介于 $0 \sim 1$ 之间，若 $\gamma = 0$ 则接受，表示实际能源供给结构优化产出与最大产出之间的差距来自不可控的随机因素。

本书采用超越对数生产函数随机前沿模型，以在估计结果无偏和有效的前提下对能源供给结构优化效率进行测算，其表达式为：

$$\ln y_{it} = \beta_0 + \beta_1 \ln e_{it} + \beta_2 \ln l_{it} + \beta_3 \ln k_{it} + \frac{1}{2}\beta_4 (\ln e_{it})^2 + \frac{1}{2}\beta_5 (\ln l_{it})^2 + \frac{1}{2}\beta_6 (\ln k_{it})^2$$

$$+ \beta_7 \ln e_{it} \ln l_{it} + \beta_8 \ln e_{it} \ln k_{it} + \beta_9 \ln l_{it} \ln k_{it} + v_{it} - u_{it} \tag{4-6}$$

$$m_{it} = \xi_0 + z_{it} \xi_{it} \tag{4-7}$$

其中，y_{it} 表示第 i 个地区第 t 年运用投影寻踪法计算的能源综合期望产出、能源综合非期望产出；e_{it} 表示能源投入；l_{it} 表示劳动投入；k_{it} 表示资本投入；β 为待估参数；m_{it} 表示能源生态产出的无效率项分布函数的均值；z_{it} 表示影响技术无效率的变量；ξ_0 表示常数项；ξ_{it} 表示影响因素的系数向量，反映影响因素对能源供给结构优化效率的影响程度。

4.1.2 速度激励动态模型的构建

速度激励动态模型通过对被评价对象在连续时间段内变化速度进行评价，以分析被评价对象的动态发展趋势。运用该模型对能源供给结构优化效率水平进行趋势分析，从能源供给结构优化效率的变化速度入手，综合考虑变化速度状态和变化速度趋势两种变化速度特征对动态综合测度的影响，进行动态综合评价，将静态结果动态化，可以更加直观、准确地反映出能源供给结构优化效率的动态综合发展趋势。对静态评价结果进行速度激励动态评价，其步骤如下（刘微微等，2013）：

（1）构建变化速度状态函数 Q_i^v。

设在矩阵中存在目标 $P_i(i=1, 2, \cdots, n)$，时间 $t=(t_1, t_2, \cdots, t_{h+1})$，静态评价形成的时序信息矩阵：

$$R=\left[r_{ik}\right]_{n\times(h+1)}=\begin{bmatrix} r_{11} & r_{12} & \cdots & r_{1(h+1)} \\ r_{21} & r_{22} & \cdots & r_{2(h+1)} \\ \vdots & \vdots & & \vdots \\ r_{n1} & r_{n2} & \cdots & r_{n(h+1)} \end{bmatrix} \quad (4-8)$$

设目标 P_i 在 $[t_k, t_{k+1}]$ 时段的变化速度为 v_{ik}，则其变化速度信息矩阵为：

$$V=\left[v_{ik}\right]_{n\times h}=\begin{bmatrix} v_{11} & v_{12} & \cdots & v_{1h} \\ v_{21} & v_{22} & \cdots & v_{2h} \\ \vdots & \vdots & & \vdots \\ v_{n1} & v_{n2} & \cdots & v_{nh} \end{bmatrix} \quad (4-9)$$

其中，$v_{ik}=\dfrac{(r_{i,k+1}-r_{ik})}{(t_{k+1}-t_k)}$，当 $v_{ik}>0$ 时，P_i 呈现增长状态；当 $v_{ik}=0$ 时，P_i 呈

现稳定状态；当 $v_{ik}<0$ 时，P_i 呈现递减状态。

目标 P_i 在 $[t_k,\ t_{k+1}]$ 时段的变化速度状态，公式为：

$$Q_i^v(t_k,t_{k+1}) = \int_{t_k}^{t_{k+1}}\Big[v_{ik} + (t-t_k)\times\frac{(v_{i,k+1}-v_{ik})}{(t_{k+1}-t_k)}\Big]\mathrm{d}t \qquad (4-10)$$

（2）构建变化速度趋势模型 $\gamma(\mu_{ik})$。

$v_i(t_k)$ 和 $v_i(t_{k+1})$ 分别表示 P_i 在第 k 时点和 $k+1$ 时点的变化速度值，令：

$$\mu_{ik}=\begin{cases}0,\ t_k=1\\ \dfrac{v_{i,k+1}-v_{ik}}{t_{k+1}-t_k},\ t_k>1\end{cases} \qquad (4-11)$$

可知 μ_{ik} 是 P_i 变化速度在 $[t_k,\ t_{k+1}]$ 时段的线性增长率，因此，令 γ 是关于 μ_{ik} 的函数，构建变化速度趋势模型为：

$$\gamma(\mu_{ik})=\frac{\varepsilon}{1+e^{-\theta_{ik}}} \qquad (4-12)$$

其中，$\gamma(\mu_{ik})$ 为单调递增函数，其随增长率 μ_{ik} 而变化。当 $\mu_{ik}\to+\infty$，则 $\gamma(\mu_{ik})\to\varepsilon$；当 $\mu_{ik}\to-\infty$，则 $\gamma(\mu_{ik})\to0$。可发现，函数 $\gamma(\mu_{ik})$ 存在一个转折点，在转折点之前的区域，$\gamma(\mu_{ik})$ 的增长速度处于加速状态。

（3）修正变化速度趋势模型 $\gamma(\mu_{ik})$。

根据 $\gamma(\mu_{ik})$ 所具备的特性，可对评价目标 P_i 进行动态速度激励。此外，参数 ε 可通过特值法及 $\gamma(\mu_{ik})$ 特性求出，当 $\mu_{ik}=0$，$\gamma(\mu_{ik})=1$ 时，即 P_i 在无变化速度时期内不进行激励，此时 $\varepsilon=2$。根据以上步骤（2）对如下三种情况的变化速度趋势进行修正：

当 $\mu_{ik}=0$ 时，$\gamma(\mu_{ik})=\dfrac{2}{(1+e^{-\theta_{ik}})}=1$，对 $Q_i^v(t_k,\ t_{k+1})$ 不进行处理，即对无变化速度趋势的变化速度状态不进行修正。

当 $\mu_{ik}>0$ 时，$\gamma(\mu_{ik})=\dfrac{2}{(1+e^{-\theta_{ik}})}>1$，对 $Q_i^v(t_k,\ t_{k+1})$ 乘以大于 1 的系数，即对变化速度趋势上升的变化速度状态进行正向修正。

当 $\mu_{ik} < 0$ 时，$\gamma(\mu_{ik}) = \dfrac{2}{(1 + e^{-\theta_{ik}})} < 1$，对 $Q_i^v(t_k, t_{k+1})$ 乘以小于 1 的系数，即对变化速度趋势下降的变化速度状态进行负向修正。

（4）计算动态评价值 Y_i^*。

根据以上步骤（3）中三种速度激励修正的情况，结合牛顿第二定律 $\sum F = \kappa ma$，可以得到 P_i 在 $[t_k, t_{k+1}]$ 时段融合速度状态和速度趋势两种变化速度特征的动态评价公式：

$$Y_{kv} = \kappa Q_i^v(t_k, t_{k+1}) \times \gamma(\mu_{ik}) \tag{4-13}$$

其中，系数 κ 可根据数据特点设置，$Q_i^v(t_k, t_{k+1})$ 和 $\gamma(\mu_{ik})$ 两种速度特征共同决定了 P_i 在 $[t_k, t_{k+1}]$ 时段的动态评价值，进一步可得到 P_i 在 $[t_k, t_{k+1}]$ 跨时段的整体动态评价值为：

$$Y_i^* = \sum_{k=1}^{h-1} \kappa Q_i^v(t_k, t_{k+1}) \times \gamma(\mu_{ik}) \tag{4-14}$$

其中，当 $Y_i^* > 0$ 时，表明评价目标 P_i 在 $[t_k, t_{k+1}]$ 时段的变化发展呈现上升趋势；当 $Y_i^* < 0$ 时，其变化发展呈现下降趋势；当 $Y_i^* = 0$ 时，其变化发展呈现平稳趋势。

4.2 能源供给结构优化效率指标体系构建

4.2.1 一般情况下的能源供给结构优化效率指标体系

能源供给结构优化效率的研究是特定条件下，集合能源、资本、劳动等多因素投入，社会、经济发展等多因素产出的，测度能源资源供给有效性是否满足人类长期发展趋势的综合性研究。运用 PP 模型对能源供给结构优化过程中的能源投入、资本投入、劳动投入进行投影测算，将测算出的综合投入指标作为能源供给结构优化的投入变量；运用 PP 模型对能源供给结构优化过程中的社会效益、经济效益进行投影测算将测算出的综合产出指标作为能源供给结构优化的产出变量。将投入产出变量代入 SFA 模型中，对能源供给结构优化效率进行测算。能源供给结构优化效率研究框架，如图4.1 所示。

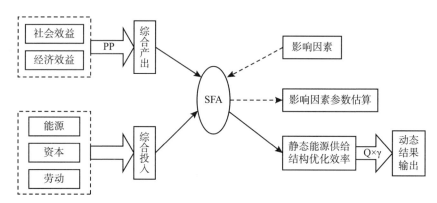

图4.1 能源供给结构优化效率研究框架

　　能源供给结构优化的投入变量包括能源投入（e）、劳动投入（l）和资本投入（k）。其中，能源投入用各省份的能源供给总量来表示；劳动投入从能源供给人力投入和科技人力投入两个层面进行测算，用能源供给相关行业年末就业人员总数来衡量能源供给人力投入，用能源行业科技研发人员全时当量来表征科技人力投入；资本投入从能源资本投入、环境资本投入和科技资本投入三个层面进行测算，用能源工业投资表征能源资本投入，用能源工业污染治理完成投资来衡量环境资本投资，用能源行业科技研发经费表征科技资本投入。受数据的可获取性影响，本书分别用规模以上工业企业研发人员全时当量和规模以上工业企业研发经费代替能源行业科技研发人员全时当量和能源行业科技研发经费，用工业污染治理完成投资替代能源工业污染治理完成投资。

　　一般情况下的能源供给结构优化的产出变量包括社会效益和经济效益。其中，社会效益分为社会保障水平和医疗卫生水平两个层面。用各地区养老保险参保人数表征社会保障水平；卫生技术人员人数代替医疗卫生水平。经济效益用各地区当年生产总值来表征。

　　能源供给结构优化效率影响因素方面，选取石油资源储量、天然气资源储量、水资源总量、城市化进程、就业率、产业结构、经济增长水平、经济开放程度、煤炭消费占比以及清洁能源消费占比作为影响因素变量，对一般情况下的中国能源供给结构优化效率的影响因素进行参数估计。以《中国统计年鉴》《中国能源统计年鉴》，以及国家统计局网站作为投入、产出和影响因素指标变量的数据来源。能源供给结构优化效率的具体测度变量，如表4.1所示。

表 4.1　　　　　　　　一般情况下的能源供给结构优化效率测度变量

一级变量	二级变量	相关说明
能源投入	能源供给投入	各地区能源供给总量
劳动投入	能源供给人力投入	能源供给相关行业年末就业人员总数
	科技人力投入	能源行业科技研发人员全时当量
资本投入	能源资本投入	能源工业投资
	环境资本投入	能源工业污染治理完成投资
	科技资本投入	能源行业科技研发经费
社会效益	社会保障水平	养老保险参保比例
	医疗卫生水平	卫生技术人员占比
经济效益	地区生产总值	各地区当年生产总值
影响因素	石油资源储量	各地区石油资源储量
	天然气资源储量	各地区天然气资源储量
	水资源总量	各地区水资源总量
	城市化进程	城市人口/总人口
	就业率	1－失业率
	产业结构	第三产业产值/GDP
	经济增长水平	GDP 增长率
	经济开放程度	外商投资企业进出口总额/GDP
	煤炭消费占比	煤炭消费量/能源消费总量
	清洁能源消费占比	清洁能源消费量/能源消费总量

4.2.2　环境规制下的能源供给结构优化效率指标体系

环境规制下的能源供给结构优化效率研究是在上文一般情况下的研究基础上，将环境规制考虑在内，进行的能源供给结构优化效率测度。环境规制下的能源供给结构优化的投入部分与上文一般情况下的指标相同，而产出部分在原有研究基础上加入环境效益变量。环境规制下的能源供给结构优化效率研究框架，如图 4.2 所示。

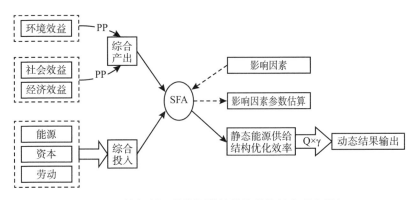

图 4.2　环境规制下的能源供给结构优化效率研究框架

环境规制下的能源供给结构优化的投入变量包括能源投入（e）、劳动投入（l）和资本投入（k）。具体指标变量选取与第 4.2.1 节中投入变量各指标相同。

环境规制下的能源供给结构优化的产出变量除了第 4.2.1 节中的社会效益和经济效益作为期望产出外，还包括非期望产出的环境效益。借鉴袁晓玲等（2009）的研究，用各年度中国 30 个省份（不包含我国西藏和港澳台地区）的废水排放量、废气排放量、烟（粉）尘排放量等环境效益变量作为非期望产出变量，其中，废水排放量和烟（粉）尘排放量数据可在《中国能源统计年鉴》数据中直接查找，用二氧化硫排放量替代废气排放量。具体指标及相关说明见表 4.2。环境规制下的能源供给结构优化的相关影响因素与表 4.1 中相同，在此不做赘述。

表 4.2 　　　　　　　环境规制下的能源供给结构优化效率测度变量

一级变量	二级变量	相关说明
能源投入	能源供给投入	各地区能源供给总量
劳动投入	能源供给人力投入	能源供给相关行业年末就业人员总数
	科技人力投入	规模以上工业企业研发人员全时当量
资本投入	能源资本投入	能源工业投资
	环境资本投入	工业污染治理完成投资
	科技资本投入	规模以上工业企业研发经费
社会效益	社会保障水平	养老保险参保人数
	医疗卫生水平	卫生技术人员人数
经济效益	地区生产总值	各地区当年生产总值
环境效益	废水排放量	各地区废水排放量
	废气排放量	二氧化硫排放量
	烟（粉）尘排放量	各地区烟（粉）尘排放量

4.3　中国能源供给结构优化效率的实证分析

4.3.1　指标选取与数据来源

数据主要来自《中国统计年鉴》（2009～2018 年）、《中国能源统计年鉴》（2009～2018 年）、国家统计局网站等。本书基于数据的权威性和可获取性，选取 2008～2017 年中国 30 个省份（不包含我国西藏和港澳台地区）的面板数据进行中国能源供给结构优化效率测度分析，部分缺失数据采用插值法进行补充。选用表4.2中变量作为测度变量，对原始数据进行无量纲化处理，以供具体实证分析使用。

4.3.2　一般情况下的能源供给结构优化效率测度

4.3.2.1　基于PP模型的产出计算

根据PP模型投影原理，运用Matlab软件测度2008～2017年中国30个省份能源供给结构优化社会效益和经济效益的综合产出，综合产出的最佳投影方向，具体如表4.3所示。将表4.3中综合产出的最佳投影方向分别代入公式（4-3）中，得到中国能源供给结构优化效率综合产出指数，具体如表4.4所示。

表4.3　　　　　　　　　一般情况下的综合产出的最佳投影方向

	产出变量	2008 年	2009 年	2010 年	2011 年	2012 年	2013 年	2014 年	2015 年	2016 年	2017 年
社会效益	社会保障水平	0.4559	0.4448	0.5682	0.5288	0.5078	0.3519	0.4147	0.4962	0.4583	0.2879
	医疗卫生水平	0.6787	0.6532	0.6573	0.7002	0.7514	0.7642	0.7270	0.5650	0.4821	0.5280
经济效益		0.5758	0.6127	0.4951	0.4797	0.4213	0.5406	0.5473	0.6592	0.7466	0.7989

表4.4　　　　　　　一般情况下的能源供给结构优化效率综合产出指数

省份	2008 年	2009 年	2010 年	2011 年	2012 年	2013 年	2014 年	2015 年	2016 年	2017 年
北京	0.5304	0.5306	0.5335	0.5300	0.5118	0.5128	0.5045	0.5076	0.4991	0.4927
天津	0.2280	0.2328	0.2283	0.2206	0.2071	0.2184	0.2198	0.2347	0.2400	0.2507
河北	0.8459	0.8259	0.7959	0.7954	0.7717	0.772	0.7394	0.7124	0.6834	0.6793
山西	0.4378	0.4438	0.4569	0.4482	0.4228	0.4118	0.3765	0.3439	0.3156	0.3142
内蒙古	0.3375	0.3404	0.3698	0.3369	0.3268	0.3418	0.3262	0.3222	0.3142	0.3153

续表

省份	2008 年	2009 年	2010 年	2011 年	2012 年	2013 年	2014 年	2015 年	2016 年	2017 年
辽宁	0.8459	0.8263	0.8165	0.7624	0.7125	0.6942	0.6816	0.6633	0.624	0.5069
吉林	0.3896	0.375	0.3649	0.3535	0.3305	0.3239	0.3042	0.2953	0.2819	0.2808
黑龙江	0.5577	0.5318	0.5311	0.5186	0.4885	0.4621	0.4376	0.4113	0.3783	0.3555
上海	0.6019	0.5853	0.5615	0.5185	0.5083	0.4803	0.4756	0.4881	0.4821	0.4719
江苏	1.3309	1.3202	1.2926	1.2560	1.2119	1.2810	1.2846	1.3279	1.3397	1.3222
浙江	0.9911	1.0093	0.9977	0.9883	0.9615	0.9679	0.9685	0.9801	0.9581	0.9267
安徽	0.5328	0.5361	0.5424	0.5241	0.5133	0.5296	0.5138	0.4978	0.4821	0.4924
福建	0.4050	0.4143	0.4327	0.4322	0.4307	0.4599	0.4667	0.4711	0.4705	0.4820
江西	0.3897	0.4020	0.4058	0.3953	0.3888	0.3949	0.3835	0.3752	0.3651	0.3766
山东	1.4123	1.4515	1.4131	1.3844	1.3532	1.4135	1.4276	1.3810	1.3449	1.3122
河南	1.0043	0.9981	0.9982	0.9711	0.9615	0.9879	0.9648	0.9278	0.8988	0.9143
湖北	0.7479	0.7287	0.7194	0.6973	0.6841	0.6937	0.6783	0.6764	0.6762	0.6757
湖南	0.7126	0.7031	0.7094	0.7029	0.6909	0.6942	0.6816	0.6633	0.6575	0.6616
广东	1.7121	1.7125	1.7223	1.7104	1.6822	1.6405	1.6350	1.7015	1.6886	1.6165
广西	0.4047	0.4087	0.4071	0.4213	0.4282	0.4410	0.4274	0.4078	0.3960	0.4195
海南	0.0506	0.0488	0.0527	0.0511	0.0506	0.0465	0.0457	0.0458	0.0451	0.0564
重庆	0.2504	0.2587	0.2882	0.2985	0.2991	0.3073	0.3083	0.3183	0.3202	0.3349
四川	0.8348	0.8263	0.8692	0.8680	0.8855	0.9029	0.8951	0.8638	0.8252	0.8128
贵州	0.1981	0.1930	0.1938	0.1962	0.2036	0.2235	0.2395	0.2347	0.2400	0.2656
云南	0.3283	0.3159	0.3018	0.2983	0.2989	0.3187	0.3262	0.3129	0.3085	0.3415
陕西	0.4050	0.4021	0.4209	0.4310	0.4379	0.4597	0.4551	0.4388	0.4174	0.4317
甘肃	0.1980	0.1881	0.1769	0.1802	0.1824	0.1811	0.1700	0.1605	0.1448	0.1561
青海	0.0017	0.0017	0.0017	0.0017	0.0017	0.0017	0.0017	0.0017	0.0017	0.0196
宁夏	0.0165	0.0152	0.0164	0.0192	0.0179	0.0176	0.0176	0.0181	0.0172	0.0351
新疆	0.2773	0.2644	0.2564	0.2609	0.2589	0.2537	0.2439	0.2320	0.2162	0.2276

4.3.2.2　基于 SFA 模型的参数估计

将表 4.4 的综合产出指数作为中国能源供给结构优化效率产出变量的测度值，结合表 4.1 中能源供给结构优化投入及影响因素的各测度变量标准化数据，代入 SFA 模型中，应用 Froniter 4.1 软件对中国各地区能源供给结构优化效率及其影响因素作用情况进行估计，如表 4.5 所示。可以看出，能源投入和劳动投入变量的系数在 1% 的统计水平下显著；LR 值为 255.737 说明模型整体估计是有效的；$\gamma = 0.963$，在 1% 的水平下显著，表明实际产出与理想产出之间的误差主要是由技术非效率性引起的，因此运用 SFA 模型进行测算是合理的。

表 4.5　　　　　　　　　一般情况下的 PP-SFA 估计结果

项目	系数	标准误	t 值
c_0	0.401	0.061	6.577 ***
$\ln e_{it}$	0.792	0.097	8.145 ***
$\ln l_{it}$	−0.213	0.053	−4.021 ***
$\ln k_{it}$	0.027	0.087	0.316
$(\ln e_{it})^2$	−0.113	0.030	−3.748 ***
$(\ln l_{it})^2$	0.005	0.008	0.621
$(\ln k_{it})^2$	−0.253	0.051	−4.922 ***
$\ln e_{it} \times \ln l_{it}$	0.004	0.050	0.081
$\ln e_{it} \times \ln k_{it}$	0.430	0.077	5.605 ***
$\ln l_{it} \times \ln k_{it}$	−0.117	0.044	−2.664 ***
石油资源储量	−0.038	0.061	−0.614
天然气资源储量	0.090	0.096	0.941
水资源总量	−0.209	0.033	−6.417 ***
城市化进程	0.984	0.120	8.195 ***
就业率	0.065	0.044	1.473 *
产业结构	0.475	0.117	4.059 ***

续表

项目	系数	标准误	t 值
经济增长水平	0.371	0.065	5.711 ***
经济开放程度	−0.801	0.092	−8.727 ***
煤炭消费占比	−0.431	0.057	−7.595 ***
清洁能源消费占比	1.094	0.132	8.28 ***
σ^2	0.596	0.069	8.65 ***
γ	0.963	0.011	84.099 ***
log 值	−84.936		
单边 LR 检验	255.737		

注：＊、＊＊、＊＊＊分别表示在 10%、5%、1% 水平下显著；影响因素的估计系数体现其影响程度，系数为正，其作用效果为负，反之则为正。

4.3.3 环境规制下的能源供给结构优化效率测度

4.3.3.1 基于 PP 模型的产出计算

在第 4.3.2 节的研究基础上，考虑环境规制对能源供给结构优化效率的影响，将环境效益纳入产出变量，根据 PP 模型投影原理，运用 Matlab 软件测度 2008～2017 年中国 30 个省份环境规制下的能源供给结构优化社会效益、经济效益和环境效益的综合产出，综合产出的最佳投影方向如表 4.6 所示。将表 4.6 中综合产出的最佳投影方向分别代入公式（4 − 3）中，得到中国能源供给结构优化效率综合产出指数，如表 4.7 所示。

表 4.6　　　　　　　　环境规制下的综合产出最佳投影方向

类别		2008 年	2009 年	2010 年	2011 年	2012 年	2013 年	2014 年	2015 年	2016 年	2017 年
社会效益	社会保障水平	0.5742	0.5210	0.5520	0.5248	0.5825	0.6805	0.5923	0.7066	0.3227	0.6166
	医疗卫生水平	0.4466	0.4529	0.5131	0.4849	0.4773	0.4033	0.2954	0.4375	0.6989	0.4808

类别		2008 年	2009 年	2010 年	2011 年	2012 年	2013 年	2014 年	2015 年	2016 年	2017 年
经济效益		0.5975	0.6337	0.5510	0.6408	0.5884	0.5552	0.7079	0.5062	0.5852	0.5350
环境效益	废水排放量	0.0735	0.0772	0.0548	0.0097	0.0334	0.0584	0.0111	0.0199	0.0371	0.0349
	废气排放量	0.1218	0.1532	0.1504	0.1217	0.1112	0.1069	0.1328	0.1744	0.1056	0.2894
	烟（粉）尘排放量	0.3060	0.3042	0.3206	0.2528	0.2703	0.2260	0.2074	0.1492	0.2292	0.1319

表 4.7   环境规制下的能源供给结构优化效率综合产出指数

省份	2008 年	2009 年	2010 年	2011 年	2012 年	2013 年	2014 年	2015 年	2016 年	2017 年
北京	0.9593	0.9861	0.9849	0.8613	0.8824	0.8602	0.8119	0.8138	0.8463	0.9330
天津	0.6785	0.7071	0.6911	0.5704	0.6071	0.5834	0.5585	0.5249	0.5621	0.6592
河北	0.9201	0.8950	0.8592	0.8185	0.7497	0.7231	0.6648	0.6886	0.7677	0.7466
山西	0.4745	0.4890	0.4834	0.4336	0.4626	0.4478	0.3869	0.3915	0.4212	0.5114
内蒙古	0.4834	0.4723	0.4864	0.3439	0.4899	0.4484	0.4071	0.3928	0.4703	0.5186
辽宁	0.9516	0.8990	0.8631	0.7730	0.8824	0.8511	0.8119	0.7652	0.7549	0.7806
吉林	0.6885	0.6766	0.6295	0.5634	0.6049	0.6049	0.5442	0.5336	0.5666	0.6532
黑龙江	0.7991	0.7754	0.7430	0.6485	0.6887	0.6437	0.5781	0.6131	0.6335	0.6843
上海	1.0042	0.9958	0.9648	0.8358	0.9023	0.8629	0.8143	0.7822	0.7814	0.8891
江苏	1.5002	1.4851	1.4495	1.4116	1.4367	1.4372	1.4342	1.3730	1.4764	1.4468
浙江	1.2800	1.3039	1.2747	1.2107	1.2259	1.2170	1.1697	1.1689	1.2112	1.2530
安徽	0.8133	0.8183	0.8128	0.7136	0.7414	0.7048	0.6669	0.6685	0.7601	0.7940
福建	0.7998	0.8188	0.8245	0.7197	0.7530	0.7248	0.7070	0.6886	0.7546	0.8125
江西	0.7275	0.7534	0.7524	0.6355	0.6450	0.6235	0.5761	0.5837	0.6388	0.7082
山东	1.4836	1.4851	1.4500	1.4116	1.3865	1.3563	1.3346	1.2803	1.4456	1.2566
河南	1.0060	1.0001	0.9745	0.9350	1.0264	0.9851	0.9124	0.9402	1.1161	1.1512
湖北	1.0091	1.0027	0.9922	0.8923	0.9150	0.8766	0.8226	0.8380	0.9650	0.9743
湖南	0.8948	0.8990	0.9026	0.8311	0.9023	0.8602	0.8058	0.8138	0.9488	0.9375
广东	1.8743	1.8353	1.8420	1.8247	1.9176	1.8592	1.8013	1.8460	1.8493	1.9408
广西	0.6275	0.6410	0.6548	0.5774	0.6832	0.6354	0.5895	0.6058	0.7260	0.7621
海南	0.5468	0.5783	0.5730	0.4305	0.4611	0.4366	0.3940	0.3893	0.4167	0.5102
重庆	0.5976	0.6138	0.6211	0.5267	0.6241	0.6086	0.5620	0.5647	0.6245	0.6948

续表

省份	2008 年	2009 年	2010 年	2011 年	2012 年	2013 年	2014 年	2015 年	2016 年	2017 年
四川	0.9775	1.0011	1.0412	0.9337	1.0559	1.0460	0.9675	1.0041	1.1268	1.0974
贵州	0.4749	0.4512	0.3666	0.3652	0.4560	0.4434	0.3983	0.4120	0.5413	0.5101
云南	0.6664	0.6713	0.6576	0.5540	0.5469	0.5181	0.4805	0.5070	0.6298	0.6061
陕西	0.6730	0.6834	0.7221	0.6451	0.6453	0.6257	0.5634	0.5813	0.6799	0.7412
甘肃	0.5879	0.5936	0.5562	0.4336	0.4815	0.4585	0.3983	0.3933	0.4559	0.5153
青海	0.4749	0.4985	0.4834	0.3497	0.3840	0.3599	0.3180	0.3137	0.3322	0.4360
宁夏	0.4528	0.4723	0.4670	0.3145	0.3673	0.3515	0.3053	0.3050	0.3347	0.4147
新疆	0.6016	0.5829	0.5385	0.4312	0.4809	0.4219	0.3574	0.3903	0.4679	0.5108

4.3.3.2 基于 SFA 模型的参数估计

将表 4.7 的综合产出指数作为环境规制下的中国能源供给结构优化效率产出变量的测度值，结合表 4.2 中环境规制下的能源供给结构优化投入以及表 4.1 中各影响因素的各测度变量标准化数据，代入 SFA 模型中，应用 Froniter 4.1 软件对环境规制下的中国各地区能源供给结构优化效率及其影响因素作用情况进行估计，如表 4.8 所示。可以看出，能源投入、劳动投入和资本投入变量的系数在 1% 的统计水平下显著；LR 值为 276.654，说明模型整体估计是有效的；γ 值接近 1，且在 1% 的水平下显著，表明环境规制下的中国能源供给结构优化过程中的实际产出与理想产出之间的误差基本都是由技术非效率性引起的，因此运用 SFA 模型进行测算是合理的。

表 4.8 环境规制下的 PP-SFA 估计结果

项目	系数	标准误	t 值
c_0	0.450	0.039	11.443 ***
$\ln e_{it}$	0.184	0.049	3.755 ***
$\ln l_{it}$	−0.141	0.026	−5.424 ***
$\ln k_{it}$	0.280	0.045	6.253 ***

项目	系数	标准误	t 值
$(\ln e_{it})^2$	0.017	0.018	0.973
$(\ln l_{it})^2$	− 0.012	0.004	− 3.122***
$(\ln k_{it})^2$	0.064	0.032	1.978*
$\ln e_{it} \times \ln l_{it}$	0.019	0.030	0.622
$\ln e_{it} \times \ln k_{it}$	− 0.028	0.049	− 0.572
$\ln l_{it} \times \ln k_{it}$	− 0.046	0.027	− 1.7**
石油资源储量	− 0.024	0.016	− 1.503*
天然气资源储量	0.001	0.014	0.107
水资源总量	− 0.048	0.010	− 4.767***
城市化进程	0.031	0.021	1.456*
就业率	0.021	0.014	1.469*
产业结构	− 0.003	0.009	− 0.339
经济增长水平	0.023	0.011	2.111**
经济开放程度	− 0.074	0.016	− 4.588***
煤炭消费占比	0.097	0.014	7.125***
清洁能源消费占比	− 0.009	0.015	− 0.63
σ^2	0.029	0.003	9.992***
γ	1.000	0.000	268855.98***
log 值	146.682		
单边 LR 检验	276.654		

注：*、**、***分别表示在 10%、5%、1%水平下显著；影响因素的估计系数体现其影响程度，系数为正，其作用效果为负，反之则为正。

4.3.4 实证结果分析

4.3.4.1 中国能源供给结构优化效率影响因素分析

能源供给结构优化效率的影响因素繁多，且在不同限制条件下的作用效果存在差异。从表 4.5 及表 4.8 中可以看出，将环境规制作为考虑因素后，能源供给结构优化效率中的部分影响因素的作用方向发生了变化。通过对能源供给结构优化效率影响因素进行分析，以期用科学的方法找出使能源供给结构优化效率得到提升的途径。

（1）石油资源储量。一般情况下的估计系数为 $\sigma = -0.038 < 0$，但并不显著；环境规制下的估计系数 $\sigma = -0.024 < 0$，在 10% 的水平下显著。说明石油资源储量与能源供给结构优化效率呈正相关关系。短期内石油资源储备量的上升说明该资源的使用速度低于开采速度，换言之，当石油资源开采相对稳定时，利用石油资源进行的能源供给量是下降的，因此，当石油资源储量上升时，能源供给结构优化效率也同向提高。

（2）天然气资源储量。一般情况下的估计系数为 $\sigma = 0.090 > 0$，在 20% 的水平下显著，因此显著性不佳；环境规制下的估计系数 $\sigma = 0.001 > 0$，但是并不显著。说明天然气资源储量与能源供给结构优化效率呈负相关关系，短期内提高天然气在能源供给结构中的比例有利于能源供给结构优化效率的提高，但该项因素对能源供给结构优化效率的影响并不显著。

（3）水资源总量。一般情况下的估计系数为 $\sigma = -0.209 < 0$，在 1% 的水平下显著；环境规制下的估计系数 $\sigma = -0.048 < 0$，在 1% 的水平下显著。说明不论是否存在环境规制，地区含水资源总量对地区能源供给结构优化效率都具有显著影响，且呈正相关关系。水资源丰富地区应该充分利用地理资源优势，科学、有序地发展水电等清洁且不易枯竭的能源，通过提升清洁、高效能源的供给，实现能源供给结构优化效率的提高。

（4）城市化进程。一般情况下的估计系数为 $\sigma = 0.984 > 0$，在 1% 的水平下显著；环境规制下的估计系数 $\sigma = 0.031 > 0$，在 10% 的水平下显著。说明城市化进程与能源供给结构优化效率呈负相关关系，不论是否考虑环境规制，城市化进程的加快都会阻碍能源供给优化效率的提高。

（5）就业率。一般情况下的估计系数为 $\sigma = 0.065 > 0$，在 10% 的水平下显著；环境规制下的估计系数 $\sigma = 0.021 > 0$，在 10% 的水平下显著。说明就业率与能源供给结构优化效率呈负相关关系，但总体影响程度不大。究其原因是短期内劳动人口总数变化不大，当就业率高时，参与能源供给相关行业的劳动人口同向增长的可能性也较高，使得能源供给结构优化人力投入增加，而短期内能源供给结构优化产出增加不明显，进而影响能源供给结构优化效率。

（6）产业结构。一般情况下的估计系数为 $\sigma = 0.475 > 0$，在 1% 的水平下显著；环境规制下的估计系数 $\sigma = -0.003 < 0$，但并不显著。两种情况下的估计系数方向相反，说明加入环境规制后，产业结构对能源供给结构优化效率的影响方向发生了变化，将环境因素列入测量变量时，第三产业产值占比的提高对能源供给结构优化效率有促进作用。

（7）经济增长水平。一般情况下的估计系数为 $\sigma = 0.371 > 0$，在 1% 的水平下显著；环境规制下的估计系数 $\sigma = 0.023 > 0$，在 5% 的水平下显著。说明经济增长水平与能源供给结构优化效率呈负相关关系。地区经济增长需要依靠能源供给量的增加进行带动，当能源供给总量超过地区最优供给量时，能源供给的无效率性增加，使得能源供给结构优化效率相应降低。

（8）经济开放程度。一般情况下的估计系数为 $\sigma = -0.801 < 0$，在 1% 的水平下显著；环境规制下的估计系数 $\sigma = -0.074 < 0$，在 1% 的水平下显著。说明经济开放程度与能源供给结构优化效率呈正相关关系。经济活动活跃度的增加，有利于先进技术、设备和经验的引进，进而降低能耗，改善能源供给结构优化效率。经济开放程度越高，对社会生产和资本流动的促进作用越显著，同时越有利于生产要素、生产资源的优化配置。资本的流动是加速技术进步实现的重要条件，对提高中国能源供给结构优化效率有重要意义。

（9）煤炭消费占比。一般情况下的估计系数为 $\sigma = -0.431 < 0$，在 1% 的水平下显著；环境规制下的估计系数 $\sigma = 0.097 > 0$，在 1% 的水平下显著，但是环境规制下该指标的估计系数偏低。两种情况下的估计系数方向相反，说明加入环境规制后，煤炭消费占比对能源供给结构优化效率的影响方向发生了变化，环境规制下煤炭消费占能源消费总量比重的增加阻碍了能源供给结构优化效率的提高。

（10）清洁能源消费占比。一般情况下的估计系数为 $\sigma = 1.094 > 0$，在 1% 的水平下显著；环境规制下的估计系数 $\sigma = -0.009 < 0$，但并不显著。两种情况下的估计系数方向相反，说明加入环境规制后，清洁能源消费占比对能源供

给结构优化效率的影响方向发生了变化,将环境因素列入测量变量时,清洁能源消费占能源消费总量比重的增加对能源供给结构优化效率有弱促进作用。

4.3.4.2 静态中国能源供给结构优化效率分析

本书所研究的中国 30 个省份 2008~2017 年的能源供给结构优化效率存在显著差异。中国能源供给结构优化存在非效率问题,研究期间内一般情况下与环境规制下的能源供给结构优化效率均值分别为 0.722、0.693,能源供给结构优化效率处于中等水平,中国未来能源供给结构优化水平具有进一步提升的潜力。从表 4.9 中可以看出,环境规制使中国各地区能源供给结构优化效率水平发生了变化,除北京、天津及少数西部地区外多数地区加入环境规制后的能源供给结构优化效率较规制前有所降低。北京、天津等地区坚持能源清洁低碳发展,在能源发展过程中注重通过科学技术进步提高能源优化效率,为全国各地区未来能源发展起示范作用。而西部地区基础能源供给结构优化效率水平偏低,加入环境规制后,使其能源发展较发达地区差距缩小,是其在规制条件下优化效率不降反升的主要原因。另外,加入环境规制后,广东、上海、江苏等地区的能源供给结构优化效率,在全国能源供给结构优化效率的排名明显上升。而贵州、陕西、广西、黑龙江等地区,在全国能源供给结构优化效率的排名则下降明显。说明中国各地区在能源供给结构优化发展过程中,针对环境规制采取的措施强度及反应灵敏度存在差异。特别是东部发达地区,近年来在能源供给过程中,逐步将环境因素考虑在内,已经针对环境规制采取了有效行动。

表 4.9   **静态能源供给结构优化效率水平**

省份	一般情况				环境规制				区域
	2008 年	2012 年	2016 年	均值	2008 年	2012 年	2016 年	均值	
北京	0.900	0.933	0.918	0.921	0.962	0.917	0.987	0.929	东部
天津	0.605	0.495	0.558	0.539	0.760	0.611	0.712	0.642	东部

省份	一般情况				环境规制				区域
	2008 年	2012 年	2016 年	均值	2008 年	2012 年	2016 年	均值	
河北	0.890	0.822	0.778	0.802	0.775	0.614	0.646	0.660	东部
山西	0.513	0.481	0.513	0.489	0.388	0.368	0.469	0.371	中部
内蒙古	0.473	0.449	0.376	0.419	0.445	0.412	0.454	0.402	西部
辽宁	0.859	0.777	0.851	0.802	0.707	0.674	0.701	0.660	东部
吉林	0.891	0.913	0.865	0.882	0.803	0.720	0.799	0.722	中部
黑龙江	0.891	0.925	0.931	0.879	0.739	0.642	0.733	0.655	中部
上海	0.817	0.805	0.714	0.792	0.832	0.755	0.736	0.756	东部
江苏	0.797	0.741	0.674	0.729	0.759	0.710	0.693	0.715	东部
浙江	0.914	0.917	0.831	0.894	0.975	0.885	0.848	0.882	东部
安徽	0.869	0.827	0.678	0.807	0.783	0.638	0.648	0.674	中部
福建	0.715	0.73	0.713	0.708	0.776	0.629	0.702	0.672	东部
江西	0.921	0.933	0.870	0.904	0.976	0.813	0.853	0.837	中部
山东	0.900	0.888	0.826	0.877	0.890	0.800	0.712	0.814	东部
河南	0.903	0.935	0.838	0.887	0.784	0.804	0.846	0.771	中部
湖北	0.886	0.83	0.777	0.826	0.895	0.750	0.795	0.782	中部
湖南	0.878	0.842	0.868	0.857	0.819	0.737	0.855	0.780	中部
广东	0.893	0.882	0.845	0.876	0.951	0.934	1.000	0.938	东部
广西	0.905	0.935	0.953	0.885	0.701	0.698	0.860	0.690	西部
海南	0.909	0.928	0.951	0.872	0.881	0.915	0.824	0.830	东部
重庆	0.621	0.767	0.776	0.706	0.711	0.697	0.785	0.687	西部
四川	0.916	0.942	0.923	0.927	0.859	0.911	0.950	0.882	西部
贵州	0.606	0.652	0.956	0.679	0.514	0.504	0.595	0.503	西部
云南	0.833	0.467	0.858	0.641	0.889	0.560	0.794	0.703	西部
陕西	0.818	0.830	0.817	0.818	0.734	0.598	0.754	0.645	西部
甘肃	0.527	0.429	0.556	0.487	0.702	0.501	0.635	0.564	西部
青海	0.072	0.030	0.124	0.042	0.804	0.567	0.638	0.620	西部
宁夏	0.070	0.094	0.119	0.086	0.640	0.486	0.505	0.505	西部
新疆	0.904	0.649	0.495	0.643	0.681	0.456	0.511	0.515	西部
东部地区均值	0.836	0.811	0.787	0.801	0.842	0.768	0.778	0.773	东部
中部地区均值	0.844	0.836	0.793	0.816	0.773	0.684	0.750	0.699	中部
西部地区均值	0.613	0.568	0.632	0.576	0.698	0.581	0.680	0.611	西部

　　中国各地区的社会经济、生态环境、能源资源以及科技进步等方面发展并不均衡。从空间地理分布来看，在环境规制下，东部地区的能源供给结构优化效率明显高于中部、西部地区，且具有"东部最高，中部次之，西部最低"的梯状分布特征，如图 4.3 所示。北京、浙江、广东、四川等省份的优化效率远高于全国平均水平，说明以上省份的综合发展态势良好，地区政府在能源发展过程中，没有一味地追求社会经济相关指标的提高，而是有较强的生态环境发展意识和绿色发展技术支持，促使以上省份的能源供给结构优化效率明显高于全国平均水平。山西、内蒙古等原煤供给大省，虽然近年来积极响应中国能源清洁化发展号召，但是其环境规制下的静态能源供给结构优化效率水平仍然偏低。特别是山西，在从煤炭向清洁能源转型方面的工作已经走到全国前列，但是受其原煤供给基数影响，截至 2017 年底，其静态能源供给结构优化效率仍然处于低位。

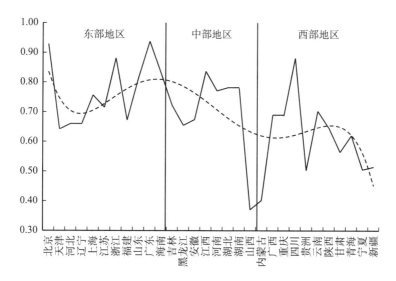

图 4.3　地区静态能源供给结构优化效率水平

　　空间维度层面，研究期内中国三大地区间空间差异经历了"增大—平稳—缩小"的变化。受地区资源结构特征、经济和技术发展水平等多方面因素影响，以及"十二五"初期能源清洁发展的探索和中共十八大后系列政策的出台，中国地区间能源供给结构优化效率在经历了 2010～2013 年的平稳探索阶段后，地区间差异有逐年缩小的趋势。

从静态能源供给结构优化效率结果可以看出，静态测度模型只能反映被评价对象在研究时间点上的结果，无法体现各阶段变化状态和趋势，短期内难以体现各地区在能源供给转型工作中付出努力的成效，因此，需要对静态结果进行动态分析。

4.3.4.3 动态中国能源供给结构优化效率分析

运用速度激励模型，对环境规制下的中国能源供给结构优化效率的静态结果进行动态分析。运用公式（4-10）计算三大地区及中国整体能源供给结构优化效率变化速度状态，如图 4.4 所示。在各阶段各地区的速度状态有正有负，说明在环境保护与能源经济多重发展标准下，各地区能源供给结构优化效率速度变化具有多样性。研究期内变化速度状态总体呈 W 形波动，说明中国能源供给结构优化效率变化速度呈波动变化，且 2013 年后有波动上升趋势。

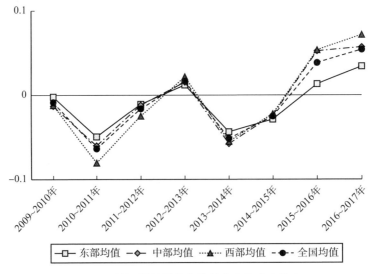

图 4.4　能源供给结构优化效率变化速度状态

在变化速度状态基础上，根据公式（4.11）～公式（4.14）对中国 30 个省份的静态能源供给结构优化效率水平展开动态分析，整体动态演化情况，如表4.10 所示。

表 4.10 能源供给结构优化效率动态评价结果

省份	评价结果	省份	评价结果
北京	− 0.007	浙江	− 0.122
天津	− 0.114	安徽	− 0.119
河北	− 0.143	福建	− 0.104
山西	0.036	江西	− 0.143
内蒙古	− 0.021	山东	− 0.124
辽宁	− 0.044	海南	− 0.037
吉林	− 0.085	重庆	0.040
黑龙江	− 0.075	四川	0.127
上海	− 0.116	贵州	0.073
江苏	− 0.054	云南	− 0.153
河南	0.083	陕西	− 0.024
湖北	− 0.072	甘肃	− 0.093
湖南	0.026	青海	− 0.226
广东	0.023	宁夏	− 0.170
广西	0.122	新疆	− 0.218

从跨时间区间的整体情况来看，大多数地区的动态演化为负向，表明在强化环境发展大背景之下，中国能源供给结构优化效率的提高受到较大阻碍。但是，从分时段的动态情况来看，2014～2015 以后的各地区动态演化值几乎都为正值，表明环境规制在初期对各地区能源供给结构优化效率发展造成一定冲击，而绿色发展政策的推出、能源生产技术的进步、能源优化发展战略的落实，减弱了环境规制的阻碍性，使得环境规制中后期能源供给结构优化效率疲软态势逐渐好转。

从表 4.10 的省级能源供给结构优化效率动态评价结果来看,山西、河南、湖南、广东、广西、重庆、四川等省份的动态演化结果为正值,说明以上地区在环境规制阻力下,迅速采取应对措施,促进能源供给转型,实现了强环境规制水平下能源供给结构优化效率的平稳过渡。提高地区绿色发展意识、挖掘地区能源发展特性、增强地区间经验技术交流,有利于中国整体能源供给结构优化效率的提高。

4.4 本章小结

本章在测度了中国能源供给结构优化效率基础上,考虑环境规制,以社会效益、经济效益和环境效益协调发展为目标,对环境规制下静态及动态中国能源供给结构优化效率进行研究。结果表明,将 PP-SFA 模型应用于中国能源供给结构优化效率是合理的;中国能源供给结构优化效率存在地区性差异,且整体处于中等水平,在未来有较大的提升空间,随着时间的推移环境规制对能源供给结构优化效率的冲击逐渐减弱,中国能源供给结构优化效率疲软态势逐渐好转。

第 5 章
中国能源供给结构优化程度
及效率收敛性分析

基于前文分析，中国能源供给结构优化程度和中国能源供给结构优化效率存在明显的地区性差异，那么差异随时间变化的趋势如何呢？随着时间的推移会逐渐缩小吗？空间效应对能源供给结构优化程度及优化效率的发展趋势有何影响？目前，对能源供给结构优化的研究逐渐兴起，已有研究从地区差异、碳排放目标等多角度展开剖析，但是，同时从时间和空间两方面对能源供给结构优化程度及优化效率进行收敛性分析的研究相对匮乏。鉴于此，本章将构建能源供给结构优化时间 – 空间收敛模型，检验中国各地区能源供给结构优化程度及优化效率 σ 收敛、β 收敛以及俱乐部收敛特征。在此基础上，对中国能源供给结构优化程度及效率的变化趋势作出科学的判断，为地区能源供给结构政策制定和实施提供参考。

5.1 能源供给结构优化收敛性分析的基础研究

收敛理论最早应用于新古典经济分析框架下，研究人均收入的收敛或发散情况。随着研究理论的不断深入，收敛理论从经济增长领域逐渐扩展到创新、环境、能源等领域发展的研究。目前收敛性检验模型主要包括三类：σ

收敛、β 收敛和俱乐部收敛。σ 收敛指被研究对象（即中国各地区能源供给结构优化程度或能源供给结构优化效率）的离差随时间的推移而缩小的趋势，随着时间的推移，如果各地区能源供给结构优化程度或效率之间的差距逐渐缩小则表示存在 σ 收敛；反之，则不存在 σ 收敛。β 收敛指中国各地区能源供给结构优化程度及优化效率与初始水平间呈负相关关系，即初始能源供给结构优化程度及优化效率较低的地区是否以更快的速度提高，如果趋同假设成立则表示存在 β 收敛；反之，则不存在 β 收敛。β 收敛模型分为绝对 β 收敛和条件 β 收敛两种。鲍尔（Baumol，1986）在 β 收敛模型基础上提出了"convergence club"理论，即俱乐部收敛模型，用以研究不同类型国家收入水平的收敛性，如今该模型已被广泛应用应于科学研究中。俱乐部的划分大多基于地区发展水平或空间地理位置等展开。俱乐部收敛指在具有相同的社会、经济、技术、环境等结构特征的地区之间的能源供给结构优化程度及优化效率存在着一定的收敛趋势，其理论内涵是具有相同或相似能源供给结构特性的地区将收敛于相同的局部稳定状态。

收敛分析的目的在于检验不同地区能源供给结构优化程度（或能源供给结构优化效率）在样本期内的趋同和发散情况。

5.1.1 能源供给结构优化的 σ 收敛模型

σ 系数反映了能源供给结构优化程度（或能源供给结构优化效率）的离差随时间推移而变化的趋势。离差趋于下降趋势，表明能源供给结构优化程度（或效率）存在 σ 收敛，反之则不存在 σ 收敛。σ 系数的计算公式如下：

$$\sigma = \sqrt{\frac{\left[\sum_k (\ln c_{k,t} - \overline{\ln c_t})^2\right]}{N}} \qquad (5-1)$$

其中，$c_{k,t}$ 表示地区 P_k 在 t 时期的能源供给结构优化程度（或效率），$\overline{\ln c_t}$ 表示 t 时期能源结构优化程度（或效率）均值，N 表示地区的数量。

5.1.2 能源供给结构优化的 β 收敛模型

β 系数反映了能源供给结构优化程度（或效率）的增长率随时间的推移而变化的趋势，即初始能源供给结构优化程度（或效率）水平较低的地区是否以更快的速度增长。

5.1.2.1 绝对 β 收敛

绝对 β 收敛用以衡量能源供给结构优化程度（或效率）的增长率与初始水平是否存在负相关，随着时间的推移，若各地区间能源供给结构优化程度（或效率）逐渐减小，则存在 β 收敛，反之则不存在 β 收敛。参照萨拉 – 伊 – 马丁（Sal-i-Martin，1996）的研究，采用以下 β 系数测算公式：

$$\frac{1}{T}\ln\left(\frac{c_{k,t+T}}{c_{k,t}}\right) = \alpha + \beta\ln c_{k,t} + \varepsilon_{k,t} \tag{5-2}$$

$$\beta = -(1 - e^{\theta T}) \tag{5-3}$$

其中，α 和 β 表示估计系数，$\varepsilon_{k,t}$ 表示误差项，θ 表示 $c_{k,t}$ 向稳定状态收敛的速度。可以通过观察 β 和 θ 的值来识别是否存在 β 以及收敛速度，具体规则如下：当 $\beta < 0$ 时，表示存在 β 收敛，收敛速度 θ 值越大表示趋于稳定状态的速度越快；$\beta > 0$ 时，则表示不存在 β 收敛。

5.1.2.2 条件 β 收敛

条件 β 收敛是考虑不同地区间各因素差异情况下，各地区能源供给结构优化程度（或效率）随着时间推移收敛于各自稳定的水平。条件 β 收敛是在绝对 β 收敛基础上加入相应控制变量构成的，其表达式为：

$$\frac{1}{T}\ln\left(\frac{c_{k,t+T}}{c_{k,t}}\right) = \alpha + \beta\ln c_{k,t} + \sum_{i=1}^{n} \lambda_i \ln X_{i,k,t} + \varepsilon_{k,t} \tag{5-4}$$

其中，$X_{i,k,t}$ 表示控制变量，λ_i 表示第 i 个控制变量的估计系数。

5.1.3 能源供给结构优化的空间收敛模型

上文中的收敛模型并没有考虑空间效应造成的影响，而任何地区的能源供给结构优化发展都不是独立的，它总是与其他地区有着千丝万缕的联系，其发展会对邻近地区甚至更远的地区产生影响（Griffith，1988），即存在空间的依赖性。因此，不考虑空间效应在估算过程中容易造成偏差。

5.1.3.1 绝对 β 收敛 SLM 模型

在公式（5-2）的基础上，加入空间效应，构建绝对 β 收敛的空间滞后模型（spatial lag model，SLM），其表达式为：

$$\frac{1}{T}\ln\left(\frac{c_{k,t+T}}{c_{k,t}}\right) = \alpha + \beta \ln c_{k,t} + \frac{\rho}{T}W\ln\left(\frac{c_{k,t+T}}{c_{k,t}}\right) + \varepsilon_{k,t} \qquad (5-5)$$

其中，W 表示空间权重系数矩阵，ρ 表示空间滞后系数，是衡量权重系数矩阵之间的空间相互作用的程度的系数。

半生命周期（half-life of convergence）是指消除落后地区和发达地区之间差距一半所需要的时间，成为半生命周期简称半衰期。表达式为：

$$\tau = \frac{\ln(2)}{\theta} \qquad (5-6)$$

当 τ 值越小、θ 值越大时，表示趋向稳定状态的速度越快。

5.1.3.2 条件 β 收敛的 SLM 模型

在公式（5-4）及公式（5-5）的基础上，构建绝对 β 收敛的空间滞后（SLM）模型，其表达式为：

$$\frac{1}{T}\ln\left(\frac{c_{k,t+T}}{c_{k,t}}\right) = \alpha + \beta \ln c_{k,t} + \sum_{i=1}^{n}\lambda_i \ln X_{i,k,t} + \frac{\rho}{T}W\ln\left(\frac{c_{k,t+T}}{c_{k,t}}\right) + \varepsilon_{i,t} \quad (5-7)$$

5.1.3.3 空间俱乐部收敛模型

俱乐部收敛可视为局部 β 收敛范畴（孙耀华等，2014），为验证中国地区能源供给结构优化程度（或优化效率）是否存在俱乐部收敛特征，本书依据东部、中部、西部三大地区划分标准，在公式（5-5）的基础上构建空间俱乐部收敛模型：

$$\frac{1}{T}\ln\left(\frac{c_{k,t+T}^{j}}{c_{k,t}^{j}}\right) = \alpha + \beta\ln c_{k,t}^{j} + \frac{\rho}{T}W\ln\left(\frac{c_{k,t+T}^{j}}{c_{k,t}^{j}}\right) + \varepsilon_{k,t} \qquad (5-8)$$

其中，$j=1$，2，3 分别表示东部、中部和西部三大地区。

5.2 中国能源供给结构优化程度收敛性分析

5.2.1 变量选取及数据描述

本章在第 3 章研究基础上，选用第 3 章中 SPA-TOPSIS 模型评价的 2008～2017 年中国 30 个省份（不包含我国西藏和港澳台地区）的能源供给结构优化程度评价结果作为研究样本，进行中国能源供给结构优化程度收敛性分析。

对研究期内中国 30 个省份能源供给结构优化程度的样本进行描述性统计，如表 5.1 所示。研究期内能源供给结构优化程度均值在 0.628～0.656 之间，且总体呈逐年波动递增趋势，其线性趋势公式为：$y=0.0018x+0.6309$。统计量的极大值波动变化且无明显趋势；极小值则呈"下降—平缓—上升"的 U 形变化。

表 5.1　　　　　　　　　　　　　样本的描述性统计

时期	样本数	极小值	极大值	均值		标准差	方差
				统计量	标准误		
t_1	30	0.5707	0.7534	0.6285	0.0080	0.0437	0.0019
t_2	30	0.5445	0.7362	0.6369	0.0074	0.0407	0.0017
t_3	30	0.5538	0.7278	0.6332	0.0076	0.0418	0.0017
t_4	30	0.5710	0.7319	0.6370	0.0074	0.0405	0.0016
t_5	30	0.5812	0.7296	0.6555	0.0063	0.0347	0.0012
t_6	30	0.5732	0.7348	0.6385	0.0074	0.0405	0.0016
t_7	30	0.5859	0.7463	0.6439	0.0073	0.0398	0.0016

续表

时期	样本数	极小值	极大值	均值		标准差	方差
				统计量	标准误		
t_8	30	0.5509	0.7419	0.6398	0.0074	0.0407	0.0017
t_9	30	0.5619	0.7428	0.6461	0.0082	0.0449	0.0020
t_{10}	30	0.5784	0.7695	0.6509	0.0085	0.0466	0.0022

5.2.2 中国能源供给结构优化程度收敛性结果分析

5.2.2.1 中国能源供给结构优化程度 σ 收敛分析

对 2008～2017 年中国 30 个省份能源供给结构优化程度进行 σ 收敛，结果如图 5.1 所示。从中国整体来看，σ 系数有先下降后上升的趋势，即整体呈先收敛后发散的状态，但是整体趋势不明显。从三大地区来看，东部、中部的 σ 系数整体呈 W 形波动，而西部的 σ 系数整体呈 M 形波动。图中各 σ 系数虽有波动，但整体较平稳，σ 收敛效应不显著。

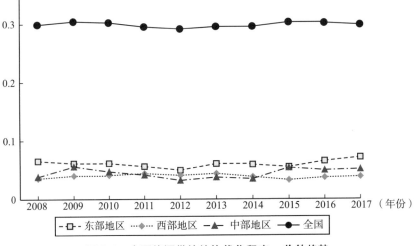

图 5.1 中国能源供给结构优化程度 σ 收敛趋势

5.2.2.2　中国能源供给结构优化程度 β 收敛分析

由上文可知，运用 σ 收敛模型进行中国能源供给结构优化程度收敛性分析，其结果并不显著，因此需要对其进一步地进行 β 收敛分析。

利用公式（5-2）的 β 收敛模型对中国能源供给结构优化程度进行收敛性分析。令研究周期 $T=1$，$\ln\left(\dfrac{c_{k,t+T}}{c_{k,t}}\right)$ 为因变量 $Y_{k,t}$，$\ln c_{k,t}$ 为自变量 $X_{k,t}$，则公式（5-2）可视为 $Y_{k,t}=\alpha+\beta X_{k,t}+\varepsilon_{k,t}$，即普通最小二乘回归（OLS 模型）。

利用公式（5-5）的绝对 β 收敛的空间滞后模型对中国能源供给结构优化程度进行收敛性分析。首先，构建空间权重矩阵 W，当两地区间存在相邻关系时，令空间权重系数为 1；当两地区间不存在相邻关系时，令空间权重系数为 0。令 $T=1$，则绝对 SLM 模型可写成：$\ln\left(\dfrac{c_{k,t+T}}{c_{k,t}}\right)=\alpha+\beta\ln c_{k,t}+\rho W\ln$

$\left(\dfrac{c_{k,t+T}}{c_{k,t}}\right)+\varepsilon_{k,t}$。

对第 3 章中提取的能源供给结构优化程度评价指标进行检验，筛选对能源供给结构优化程度回归分析影响较显著的指标，最终选取经济增长水平（EGR）、环境成本（EC）以及技术进步（TP）作为收敛条件，其中经济增长水平用地区 GDP 增长率衡量；环境成本用工业污染治理完成投资来表征；技术进步用地区研发投入替代，具体数据用年鉴数据中的规模以上工业企业研发经费表示。与绝对 SLM 模型相似，令空间权重矩阵为 W，当 $T=1$ 时，将条件变量代入公式（5-7），则能源供给结构优化程度的条件 SLM 模型可改写为：$\ln\left(\dfrac{c_{k,t+T}}{c_{k,t}}\right)=\alpha+\beta\ln c_{k,t}+\lambda_1\ln EGR_{k,t}+\lambda_2\ln EC_{k,t}+\lambda_3\ln TP_{k,t}+$

$\rho W\ln\left(\dfrac{c_{k,t+T}}{c_{k,t}}\right)+\varepsilon_{i,t}$。

运用 OLS 模型、绝对 SLM 模型和条件 SLM 模型对中国能源供给结构优化程度的 β 系数进行估计，结果如表 5.2 所示。运用三种模型进行参数估计时，F 值的 Sig. 值均小于 0.05，说明回归效果显著，回归方程成立。

OLS 模型、绝对 SLM 模型和条件 SLM 模型下的中国能源供给结构优化程度的 β 值均小于 0，且分别在 1%、5% 和 1% 的统计水平下显著，即三种模型下均存在 β 收敛。这表明能源供给结构优化程度相对落后的地区通过能源规划、技术引进、政策支持等多途径共同作用，实现了与先进地区间缩小差距。从表 5.2 中可以看出，三种模型检验下的收敛程度存在显著差异，绝对 SLM 模型估计的半衰期是 OLS 模型估计的 2.44 倍，说明加入空间因素考虑，极大程度地限制了中国整体能源供给结构优化程度的收敛速度。条件 SLM 模型估计的半衰期是绝对 SLM 模型估计的 0.37 倍，说明排除地区部分条件因素限制，促进了地区间能源供给结构优化程度的收敛速度。OLS 模型、绝对 SLM 模型和条件 SLM 模型下的 R^2 分别为 0.029、0.589 和 0.611，说明条件 SLM 模型的拟合优度最佳，绝对 SLM 模型次之，即加入邻近矩阵空间因素以及地区差异条件均有利于改善模型的拟合优度。

表 5.2　　　　　　　　中国能源供给结构优化程度的 β 收敛估计结果

变量	OLS 模型	绝对 SLM 模型	条件 SLM 模型
α	-0.023 ***	-0.011 **	-0.028 ***
β	-0.060 ***	-0.025 **	-0.066 ***
ρ	—	0.173 ***	0.171 ***
$\lambda_1(E3)$	—	—	0.001 **
$\lambda_2(C4)$	—	—	-0.003 ***
$\lambda_3(T2)$	—	—	0.002 **
R^2	0.029	0.589	0.611
F	7.973	191.477	83.071
θ	0.062	0.025	0.068
半衰期	11.202	27.378	10.152

注：*、**、*** 分别表示在 10%、5%、1% 水平下显著。

运用条件 SLM 模型进行估计，从结果可以看出，经济增长水平、环境成本以及技术进步三个条件指标分别在 5%、1% 以及 5% 的统计水平下显著。其中，经济增长水平和技术进步对地区能源供给结构优化程度的提高具有正向促进作用，而环境成本的上升与地区能源供给结构优化程度呈负相关关系。

5.2.2.3　中国能源供给结构优化程度俱乐部收敛分析

根据地理位置将中国 30 个省份分为东部、中部、西部三大地区，并进行能源供给结构优化程度的俱乐部收敛分析。各地区能源供给结构优化程度 P-P 图如图 5.2 所示。三幅图中预测数据（散点）与模拟的标准参考数据（直线）的重合度均较高，说明能源供给结构优化程度各数据接近正态分布。从图中可以看出，中部地区较东部和西部地区的重合度低，即东部地区和西部地区能源供给结构优化程度各数据更接近正态分布。对数据进行进一步的俱乐部收敛分析，结果如表 5.3 所示。

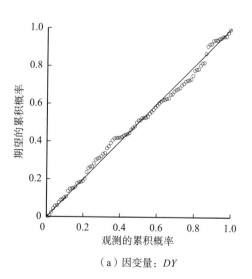

（a）因变量：*DY*

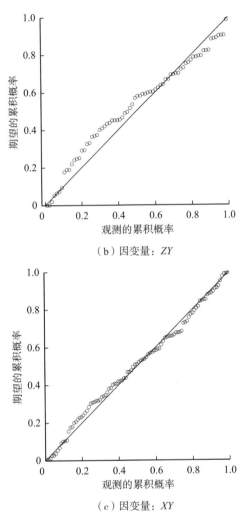

（b）因变量：ZY

（c）因变量：XY

图5.2　中国能源供给结构优化程度 P-P 图

表5.3　　　　　中国能源供给结构优化程度的俱乐部收敛估计结果

变量	东部地区	中部地区	西部地区
α	− 0.007	− 0.033 **	− 0.035 **
β	− 0.018	− 0.069 **	− 0.073 **
ρ	0.165 ***	0.181 ***	0.167 ***

变量	东部地区	中部地区	西部地区
R^2	0.425	0.613	0.668
F	35.487	54.723	96.736
θ	0.018	0.071	0.076
半衰期	38.161	9.695	9.144

注：*、**、*** 分别表示在 10%、5%、1% 水平下显著。

运用俱乐部收敛模型进行参数估计时，F 值的 Sig. 值均为 0，说明回归效果显著，回归方程成立。研究期内东部、中部、西部三大地区的能源供给结构优化程度的 β 值均小于 0，即存在俱乐部收敛。其中，中部地区和西部地区均在 5% 的统计水平下显著，而东部地区 β 估计系数并不显著，究其原因是东部地区地理跨度较大，且包含沿海和内陆等不同属性地区，地区的共性特征没有中部和西部明显。三大地区的 R^2 分别为 0.425、0.613 和 0.668，因此，俱乐部收敛模型应用于西部地区的拟合优度最高。从三大地区的收敛速度和半衰期来看，东部地区收敛速度相对较慢，这与东部地区跨度大、地区间个体差异显著有关。中部地区和西部地区的收敛速度适中，半衰期均在 10 年以内，因此，中部地区和西部地区中，能源供给结构优化程度相对落后地区在 2008～2017 年内与发达地区间的差距可以缩小到现阶段差距的一半。

5.3　中国能源供给结构优化效率收敛性分析

5.3.1　变量选取及数据描述

本章选取第 4 章中环境规制条件下 2008～2017 年中国 30 个省份的能源供给结构优化效率的测度结果作为研究样本，对中国能源供给结构优化效率的收敛性进行分析。部分年份数据在表4.9中已经列出，在此不再赘述。

表5.4中对2008～2017年中国30个省份能源供给结构优化效率进行描述性统计。样本研究期内能源供给结构优化效率均值在0.602～0.772之间，且总体呈W形波动变化。样本标准差均小于0.17，统计量的极大值多次波动变化，极小值则呈W形变化。

表5.4   **样本的描述性统计**

时期	样本数	极小值	极大值	均值		标准差	方差
				统计量	标准误		
t_1	30	0.3702	0.9307	0.7557	0.0243	0.1329	0.0177
t_2	30	0.3881	0.9756	0.7712	0.0260	0.1424	0.0203
t_3	30	0.3781	0.9999	0.7384	0.0274	0.1499	0.0225
t_4	30	0.3150	0.9474	0.6438	0.0287	0.1573	0.0247
t_5	30	0.3834	0.9792	0.7059	0.0284	0.1553	0.0241
t_6	30	0.3684	0.9335	0.6768	0.0284	0.1557	0.0242
t_7	30	0.2967	0.9065	0.6027	0.0292	0.1601	0.0256
t_8	30	0.3288	0.9428	0.6266	0.0286	0.1566	0.0245
t_9	30	0.3659	0.9799	0.6794	0.0284	0.1557	0.0242
t_{10}	30	0.4536	0.9999	0.7346	0.0259	0.1419	0.0201

注：表中t_1～t_{10}分别对应2008～2017年各年份。

5.3.2   中国能源供给结构优化效率收敛性结果分析

5.3.2.1   中国能源供给结构优化效率σ收敛分析

从图5.3可以看出，2008～2017年中国能源供给结构优化效率的σ系数整体呈先上升后下降，再上升再下降的M形变动，其中研究中后期σ收敛较显著。中国能源结构优化效率经历了"发散—收敛—发散—收敛"的过程。

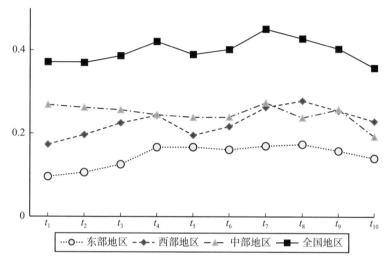

图 5.3 中国能源供给结构优化效率 σ 收敛趋势

注：图中 $t_1 \sim t_{10}$ 分别对应 2008 ~ 2017 年各年份。

从三大地区来看，各地区间 σ 系数变化存在显著差异。东部地区只有 $t_4 \sim t_6$ 时期的 σ 系数有轻微下降，其余时期均呈上升趋势，即不存在 σ 收敛。中部地区除 $t_6 \sim t_7$、$t_8 \sim t_9$ 时期外，其余时期的 σ 系数均呈下降趋势，中部地区整体存在 σ 收敛。西部地区整体 σ 系数呈上升趋势，只有 $t_4 \sim t_5$ 时期的 σ 系数有所下降，其余时期均不断上升，即西部地区不存在 σ 收敛。

5.3.2.2 中国能源供给结构优化效率 β 收敛分析

运用 σ 收敛模型进行中国能源供给结构优化效率收敛性分析，只有部分时间段存在 σ 收敛，因此需要进行进一步的 β 收敛分析。

与上文中国能源供给结构优化程度研究相似，将公式（5 - 2）改写为普通最小二乘回归（OLS 模型）：$Y_{k,t} = \alpha + \beta X_{k,t} + \varepsilon_{k,t}$。运用 OLS 模型对 2008 ~ 2017 年 30 个省份的能源供给结构优化程度进行收敛性分析，结果如表 5.5 所示。

表5.5   中国能源供给结构优化效率的 β 收敛估计结果

变量	OLS 模型	绝对 SLM 模型	条件 SLM 模型
α	− 0.044 ***	− 0.017 **	− 0.033 ***
β	− 0.102 ***	− 0.039 ***	− 0.077 ***
ρ	—	0.168 ***	0.165 ***
$\lambda_1(S4)$	—	—	− 0.005 *
$\lambda_2(P3)$	—	—	− 0.012 ***
$\lambda_3(T2)$	—	—	0.011 ***
R^2	0.053	0.653	0.665
F	15.116	251.569	104.814
θ	0.108	0.040	0.080
半衰期	6.443	17.424	8.651

注: * 、 ** 、 *** 分别表示在10%、5%、1%水平下显著。

利用公式（5 – 5）的绝对 β 收敛的空间滞后模型对中国能源供给结构优化效率进行空间收敛分析。当 $T=1$ 时，绝对空间滞后（SLM）模型可以写成：$\ln(c_{k,t+T}/c_{k,t}) = \alpha + \beta \ln c_{k,t} + \rho W \ln(c_{k,t+T}/c_{k,t}) + \varepsilon_{k,t}$。

对前文分析的能源供给结构优化相关影响因素进行检验，对能源供给结构优化效率回归分析影响较显著的因素进行筛选，最终选取产业结构（PI）、能源投资（EFI）以及技术进步（TP）作为收敛条件，其中产业结构用第三产业产值占地区生产总值比重来衡量；能源投资用国有经济能源工业固定资产投资表征；技术进步用地区规模以上工业企业研发经费，即研发投入来替代。当 $T=1$ 时，将各条件变量代入公式（5 – 7）中，则能源供给结构优化效率的条件 SLM 模型可改写为：$\ln(c_{k,t+T}/c_{k,t}) = \alpha + \beta \ln c_{k,t} + \lambda_1 \ln PI_{k,t} + \lambda_2 \ln EFI_{k,t} + \lambda_3 \ln TP_{k,t} + \rho W \ln(c_{k,t+T}/c_{k,t}) + \varepsilon_{i,t}$。

运用 OLS 模型、绝对 SLM 模型和条件 SLM 模型对中国 30 个省份的能源供给结构优化效率进行 β 系数估计，结果如表5.5所示。三种模型进行参数估计 F 值的 Sig. 值均为 0，运用三种模型进行分析的回归效果显著，回归方程成立。OLS 模型、绝对 SLM 模型和条件 SLM 模型下的中国能源供给结构优

化效率的 β 值分别为 -0.102、-0.039、-0.077，均小于 0，且均在 1% 的统计水平下显著，即以上三种模型下进行估计均存在 β 收敛。这表明能源供给结构优化效率相对落后的地区与先进地区间的差距逐渐缩小。从表 5.5 中可以看出，分别用三种模型进行检验的 β 收敛程度存在显著差异。OLS 模型、绝对 SLM 模型和条件 SLM 模型的收敛速度分别为 0.108、0.040 和 0.080，OLS 模型估计的半衰期是绝对 SLM 模型估计的 0.37 倍，说明加入空间因素考虑，对中国整体能源供给结构优化效率的收敛速度起到限制作用，即考虑空间因素影响后，缩短一定程度的中国能源供给结构优化效率地区间差异的预估时间会增长。绝对 SLM 模型估计的半衰期是条件 SLM 模型估计的 2.01 倍，说明排除地区间差异的条件因素限制，对中国能源供给结构优化效率的收敛速度起到促进作用。OLS 模型的 R^2 为 0.053，该模型的拟合优度过低，说明中国能源供给结构优化效率不适宜用 OLS 模型进行估计。绝对 SLM 模型和条件 SLM 模型下的 R^2 分别为 0.653 和 0.665，这两种模型下的拟合优度明显高于 OLS 模型，说明在模型中加入邻近矩阵空间因素以及地区差异条件更适用于中国能源供给结构优化效率收敛性的分析。

运用条件 SLM 模型进行估计，从结果可以看出，产业结构、能源投资以及技术进步三个条件指标分别在 10%、1% 以及 1% 的统计水平下显著。第三产业产值占比以及能源投资的增加不利于中国能源供给结构优化效率的提高。而技术进步对中国各地区能源供给结构优化效率的提高具有正向促进作用。

5.3.2.3 中国能源供给结构优化效率俱乐部收敛分析

与中国能源供给结构优化程度的俱乐部收敛分析相似，从东部、中部、西部三大地区对中国能源供给结构优化效率俱乐部收敛分析。各地区能源供给结构优化效率 P-P 图如图 5.4 所示。预测数据（散点）与模拟的标准参考数据（直线）重合度较高，说明数据接近正态分布。从图中可以看出，西部地区 P-P 图的重合度最高、中部次之、东部重合度最低，即西部地区能源供给结构优化效率数据最接近正态分布。对数据进行进一步的俱乐部收敛分析，结果如表 5.6 所示。

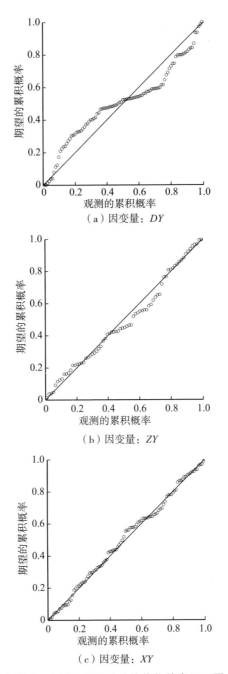

（a）因变量：*DY*

（b）因变量：*ZY*

（c）因变量：*XY*

图 5.4　中国能源供给结构优化效率 P-P 图

表 5.6   俱乐部收敛估计结果

变量	东部地区	中部地区	西部地区
α	-0.023^{**}	-0.016^{*}	-0.024^{*}
β	-0.073^{**}	-0.044^{**}	-0.041^{*}
ρ	0.161^{***}	0.170^{***}	0.168^{***}
R^2	0.404	0.773	0.708
F	32.515	117.720	116.280
θ	0.076	0.045	0.042
半衰期	9.144	15.404	16.557

注：*、**、***分别表示在 10%、5%、1%水平下显著。

运用俱乐部收敛模型对能源供给结构优化效率进行参数估计时，F 值的 Sig. 值均为 0，说明回归效果显著，俱乐部收敛回归方程成立。研究期内东部、中部、西部三大地区的能源供给结构优化效率的 β 值分别为 -0.073、-0.044、-0.041，均小于 0，其中，东部和中部地区均在 5% 的统计水平下显著，西部地区在 10% 的统计水平下显著，即三大地区均存在俱乐部收敛。三大地区的 R^2 分别为 0.404、0.773 和 0.708。因此，能源供给结构优化效率俱乐部收敛模型应用于东部地区的拟合优度最低，西部地区的拟合优度较高，中部地区最高。从收敛速度来看，东部地区的收敛速度较快，即缩短东部地区各省份间能源供给结构优化效率差异的速度最快，通过缩小地区间差距实现整体能源供给结构优化效率提升的效果最显著。中部地区和西部地区的收敛速度相近。东部、中部、西部地区的半衰期分别是 10 年、16 年和 17 年，即分别消除东部、中部、西部地区能源供给结构优化效率落后地区和发达地区之间差距一半所需要的时间分别为 10 年、16 年和 17 年。

5.4 本 章 小 结

本章研究了中国能源供给结构优化程度和中国能源供给结构优化效率的

收敛趋势。运用 σ 收敛模型、β 收敛模型以及俱乐部收敛模型分析中国能源供给结构优化程度和优化效率的收敛趋势。其中,在运用 β 收敛模型进行研究的基础上,考虑空间效应影响,分别构建了绝对 β 收敛的空间滞后模型和条件 β 收敛的空间滞后模型。研究结果表明,中国能源供给结构优化程度和中国能源供给结构优化效率整体均存在收敛趋势,即能源供给结构优化相对落后地区与相对发达地区之间的差距逐渐减小,但各地区间收敛速度存在显著差异。

第 6 章

中国能源供给结构优化路径分析

中国能源供给结构优化受多种因素共同影响。明晰主要因素对中国能源供给结构优化的作用机理，是中国能源供给结构优化路径分析的基础。在此基础上，结合前文研究，从自然条件、社会条件、经济条件、能源规划、环境因素和科技水平六个方面展开分析，量化各因素对中国能源供给结构优化的作用路径，为进一步研究中国能源供给结构优化发展方向提供依据。

6.1　中国能源供给结构优化路径分析的基础

6.1.1　相关概念的界定

作用机理分析是中国能源供给结构优化路径分析的基础，在研究中国能源供给结构优化路径之前，需要明确各因素对中国能源供给结构优化的作用机理。学者们在研究"机理"时，给出了两个解释：一是为实现某一特定功能，系统结构中各要素的内在工作方式以及一定条件下的相互作用关系的运行规则和原理；二是事物变化的理由和道理。机理分析是通过对系统内部原因的分析研究，从而找出其发展变化规律的一种科学研究方法。因此，进行中国能源供给结构优化作用机理分析时，需要挖掘影响中国能源供给结构优化的系统性原因及其发展、变化规律。

基于此，将各因素对能源供给结构优化的作用机理界定为：影响能源供给结构优化发展的各种因素，对实现能源供给结构优化水平提升所产生作用的内在原因，以及各因素在一定条件下相互作用、相互联系的规则。下文将从自然条件、社会条件、经济条件、能源规划、环境因素和科技水平六个方面入手，研究各因素对中国能源供给结构优化的作用机理。

路径分析（或通径分析）是一种研究自变量之间作用关系、自变量对因变量的直接及间接作用程度和作用途径的多元统计分析方法。中国能源供给结构优化路径分析，是分析影响中国能源供给结构优化水平各因素之间，以及各因素与中国能源供给结构优化水平间作用程度和作用途径等情况的研究。

6.1.2　中国能源供给结构优化的作用机理分析

资源科学认为，特定地区的能源供给结构优化受到多种因素的影响。能源经济学一般将这些因素概括为自然条件、社会条件、经济条件、能源规划和科技水平等多个方面。另外，以环境规制为条件，研究中国能源供给结构优化，需要着重考虑环境因素，将环境因素作为重要影响因素进行提炼分析。结合现有能源经济学相关研究、环境规制对能源供给结构优化作用途径分析以及前文能源供给结构优化程度评价指标相关研究，从环境因素、自然条件、社会条件、经济条件、能源规划和科技水平等层面入手，分析各因素对能源供给结构优化的影响。

各种因素对中国能源供给结构优化的作用机理各不相同。中国能源供给结构优化的作用机理，如图6.1所示。

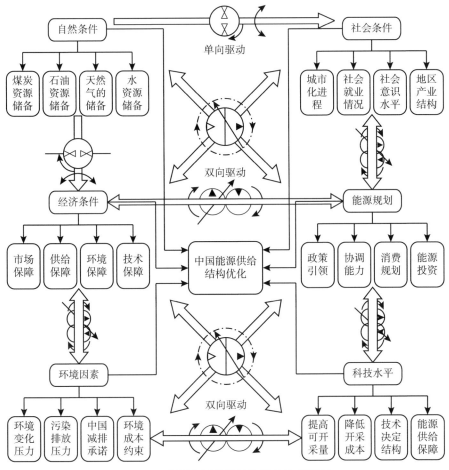

图 6.1　中国能源供给结构优化作用机理

6.1.2.1　自然条件

自然条件不仅是社会经济建设的基础，也是能源资源供给的前提。自然条件对中国能源供给结构优化的影响主要表现在各地区资源储备形式上。各地区能源供给结构很大程度上取决于该地区能源资源储备量的特征。地理位置差异是造成自然条件差异的主要原因。中国目前煤炭资源储备主要集中在华北地区和西北地区，受自然条件惯性影响，以上地区也是中国煤炭供给占比最大的地区。而长江流域、黄河中上游、珠江流域、雅鲁藏布江中下游、怒江以及黑龙江上游地区的水电供给占比则普遍高于其他地区。

中国能源供给结构优化水平在很大程度上受各地区能源资源储备影响，煤炭资源、石油资源、天然气资源、水资源等一次能源资源储备情况是各地区自然条件的直接表现。因此，自然条件通过一次能源结构特征及能源资源储备情况，对中国能源供给结构优化产生影响。自然条件不仅影响中国能源供给结构优化，也对各地区社会、经济、能源发展等均具有单向驱动作用。

6.1.2.2　社会条件

社会是在一定物质生产活动基础上形成的相互联系的人类生活共同体，社会条件则是由人类长期活动而形成的，它通过城市化发展、社会就业、公众意识、产业结构调整等方式作用于能源供给结构优化。中国目前能源供给存在显著的城乡差异，随着城市化进程的加快，中国各地区能源供给结构优化也随之发生变化；通过促进社会就业、增加劳动力向清洁能源供给行业流动可以优化地区能源供给结构，提高清洁能源供给量；地区公众节能减排的意识观念的提高也将促进地区能源供给结构优化发展，通过宣传、教育、鼓励、引导支持新能源的利用及能源规划发展，进而影响能源供给结构优化；一定社会条件下，产业结构也会对地区能源供给结构产生影响，第二产业占比的下降对耗能产业的发展具有抑制作用。

社会条件是人类活动的基础，社会条件通过城市化进程、社会就业情况、教育水平、地区产业结构等因素对地区能源规划和经济发展产生驱动作用，同时社会条件也受自然条件直接影响，人类活动一方面从大自然获取资源，另一方面又将活动后的废弃物返回自然，造成环境破坏。社会条件通过城市化发展、社会就业、公众意识、产业结构调整等方式作用于能源供给结构优化中。

6.1.2.3　经济条件

经济条件为能源供给结构优化提供保障。新中国成立以来，中国计划性地开展大规模建设，逐渐发展成为最具发展潜力的经济大国，人民生活逐渐达到小康水平。随着中国经济的发展，物质需求也随之不断提升，经济条件的提升从多方面为能源供给结构优化发展提供保障。首先，经济条件的提升为化石能源供给及新能源的生产提供了保证。经济增长不仅促进地区能源工业投资，为能源供给效率提高提供财力支撑，而且为新能源的开发、研究提供资金支持。其次，经济条件的提升，促进了地区科技的进步，进而为能源供给结构优化发展提供技术支持。

根据前文研究可以将经济条件细分为：经济发展、经济增长、经济开放等。经济条件优劣对社会发展、能源发展规划、环境变化、科技发展均有双向驱动作用。物质需求是社会发展到一定水平的重要特征，经济条件为人类物质需求提供保障，经济条件的提升不仅是社会发展的重要体现，也为社会和谐发展提供物质保证。经济条件是能源供给结构优化的有力后盾，同时也受能源供给结构优化的推动作用。经济的增长不可避免地会以消耗环境为代价，当经济发展到特定水平时，人类更加关注经济增长与环境保护间平衡关系，同时地区政府也会有更多精力和财力发展科技。

6.1.2.4 能源规划

能源规划是各地区政府对未来能源发展路径作出的预测和期望，并通过政策引领、部门协调、路径规划、能源投资等手段加以实施，并实现这种期望。在能源规划过程中，地区政府的政策制定和实施程度成为实现能源规划的重点。地区政府通过法律、税收、财政支付转移等方式使资本向清洁能源产业和能源技术进步等方面进行倾斜的同时，限制高耗能、高污染产业发展，进而实现能源供给结构优化发展。

地区政府对能源发展的规划，直接影响地区未来能源供给结构优化水平。前文选取的能源消费结构、能源投资等因素均是地区能源规划的衡量指标。政府的能源规划对地区社会、经济、环境、科技发展均具有导向性，同时，地区社会、经济、环境、科技等方面的发展情况及特征也是地区政府进行能源规划时重点考虑的问题。

6.1.2.5 环境因素

环境因素是决定能源供给结构优化水平的重要因素，环境约束限制短期内会使能源供给成本上升，不利于能源供给。但是，从长期发展角度来看，首先，环境约束可以控制污染物的排放，减小地区环境变化压力，为中国的减排承诺提供有力支持。其次，受环境约束限制，能源供给企业为了长期发展符合政府要求，同时提高能源供给效率，将更多的资金用于能源开发技术上，促进能源相关科技进步。最后，环境变化为各地政府敲响警钟，使各地政府在能源规划过程中更加重视环境因素，制定清洁发展的能源规划方案。

能源与环境间的关系已经成为政治家、学者们争相思考的问题。将环境因素考虑在内研究中国能源供给结构优化，已经成为能源发展研究的大趋势。环境因素对能源供给结构优化的作用在不同约束强度、时间长度下的作用方向也存在差异。适当改变外界条件，可以使能源发展与环境保护间的矛盾逐渐弱化，通过能源供给结构优化水平的不断提高，使能源环境发展达到最优平衡状态。

6.1.2.6 科技水平

科技水平对地区能源供给结构优化有重要影响作用。科技水平的提高为地区环境保护提供了技术支持。首先，科技水平的提高有利于化石能源供给效率提升的同时，降低了化石能源的碳排放量。其次，科技水平的提高，通过勘探水平提高、供给成本减低等途径延长地区化石能源的供给时间。最后，科技水平的提升有助于地区新能源的开发和研究，科技进步使水能、风能、核能、生物能、太阳能和地热能等新能源的开发和利用成为可能，尽管新能源开发初期各地区需要承受较高的成本，但是，不可否认的是科技进步正悄然改变着各地区的能源供给结构，并为能源供给结构优化提供有力保障。

科技水平无疑是能源供给结构优化的重要依仗。科技水平对能源供给效率、碳排放等均有重要影响。本书第 3 章研究指出，能源效率、科技投入等因素均是衡量科技水平的重要指标。科技水平的提高不仅改变了地区经济发展和能源规划，同时为地区环境保护提供了技术支持。

6.2 中国能源供给结构优化路径分析的模型

路径分析的主要工具是路径图，通过量化各变量间的关系，可以实现路径图的绘制。

令自变量为 x_i，且 $i = 1, 2, \cdots, n$，因变量为 y。假设自变量 x_k 与 x_t 彼此相关（$k, t = 1, 2, \cdots, n$；且 $k \neq t$），则 x_k 不仅对因变量 y 产生直接影响，也通过自变量 x_t 对因变量 y 产生间接影响。路径分析的基本模型如下（宋小园等，2016）：

$$\begin{cases} d_{1y} + r_{12}d_{2y} + \cdots + r_{1n}d_{ny} = r_{1y} \\ r_{21}d_{1y} + d_{2y} + \cdots + r_{2n}d_{ny} = r_{2y} \\ \cdots \\ r_{ny}d_{1y} + r_{n2}d_{2y} + \cdots + d_{ny} = r_{ny} \end{cases} \tag{6-1}$$

其中，r_{kt} 为自变量 x_k 和 x_t 之间的相关系数；r_{ky} 为自变量 x_k 和因变量 y 之间的相关系数；d_{ky} 为直接影响系数；$r_{kt}d_{ty}$ 为自变量 x_k 通过自变量 x_t 对因变量 y 作用的间接影响系数。

直接影响系数 d_{ky}，即标准偏回归系数，其计算公式如下：

$$d_{ky} = b_k \frac{S_{x_k}}{S_y} \tag{6-2}$$

其中，b_k 为偏回归系数；S_{x_k} 为自变量 x_k 的标准差；S_y 为因变量 y 的标准差。

为检验所选变量考虑因素是否完全，引用剩余效应系数 d_{cy} 度量遗漏自变量和误差对因变量的影响，剩余效应度量公式如下：

$$d_{cy} = \sqrt{1 - \sum_{k=1}^{n} d_{ky}r_{ky}} \tag{6-3}$$

令 I_{ky} 为自变量 x_k 通过 x_t 作用于因变量 y 的间接影响系数，其计算公式为：

$$I_{ky} = r_{kt}d_{ty} \tag{6-4}$$

6.3 中国能源供给结构优化路径分析的过程

根据本书第 3 章实证分析结果，令因变量 y 为中国能源供给结构优化程度，自变量 x_i 分别为自然条件 N、社会条件 S、经济条件 E、能源规划 P、环境因素 C、科技水平 T，对中国能源供给结构优化进行路径分析。

运用 SPSS 19 软件对各变量进行正态分布检验，如表 6.1 所示。计算变量之间的相关性系数，并进行显著性检验。结果表明，各变量的 Sig. 值均大于 0.05，服从正态分布，且各变量之间存在显著的相关关系。因此，运用所选取变量对中国能源供给结构优化进行路径分析是合理的。

表 6.1　　　　　　　　　　变量的正态性检验

项目	x_i						
	y	N	S	E	P	C	T
统计量	0.975	0.969	0.889	0.973	0.940	0.933	0.940
df	10	10	10	10	10	10	10
Sig.	0.932	0.882	0.165	0.920	0.548	0.475	0.553

6.3.1 自然条件对中国能源供给结构优化路径

运用 SPSS 19 对变量进行回归分析，分别求出各自变量的偏回归系数以及各自变量和因变量的标准差。分别运用公式（6-2）、公式（6-4）计算出自然条件对中国能源供给结构优化的直接影响系数以及自然条件对其他自变量的间接影响系数。运用公式（6-1）计算出自然条件对中国能源供给结构优化的总影响。具体结果如图 6.2 所示。

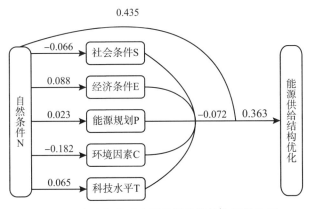

图 6.2　自然条件对中国能源供给结构优化路径

　　自然条件对中国能源供给结构优化产生正向直接影响（影响系数为0.435）和负向间接影响（影响系数为 −0.072），且直接影响占主导地位。自然条件通过经济条件、能源规划、科技水平对中国能源供给结构优化产生正向的间接影响，间接影响系数分别为0.088、0.023、0.065；而通过社会条件和环境因素对中国能源供给结构优化则产生负向的间接影响，间接影响系数分别为 −0.066、−0.182。自然条件变动1%，中国能源供给结构优化效果直接改变0.363%。

6.3.2　社会条件对中国能源供给结构优化路径

　　首先，将运用 SPSS 19 软件计算出的偏回归系数、标准差值代入公式（6-2），计算出社会条件对中国能源供给结构优化的直接影响系数。其次，运用公式（6-4）社会条件计算对其他自变量的间接影响系数。最后，运用公式（6-1）计算出社会条件对中国能源供给结构优化的总影响。具体结果如图6.3所示。

　　社会条件对中国能源供给结构优化产生正向直接影响（影响系数为0.312）和负向间接影响（影响系数为 −0.033），且直接影响占主导地位。社会条件通过经济条件、能源规划、科技水平对中国能源供给结构优化产生正向的间接影响，间接影响系数分别为 0.154、0.031、0.010；而通过自然条件和环境因素对中国能源供给结构优化则产生负向的间接影响，间接影响系数分别为 −0.091、−0.136。社会条件变动 1%，中国能源供给结构优化效果直接改变 0.280%。

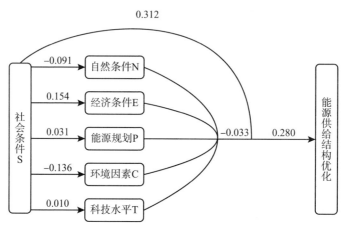

图 6.3　社会条件对中国能源供给结构优化路径

6.3.3　经济条件对中国能源供给结构优化路径

根据公式（6-1）~公式（6-4）计算经济条件对中国能源供给结构优化的直接影响系数、经济条件对其他自变量的间接影响系数以及经济条件对中国能源供给结构优化的总影响。具体结果如图 6.4 所示。

经济条件对中国能源供给结构优化产生正向的直接影响和间接影响，影响系数分别为 0.522、0.126，可见，直接影响更为强势。经济条件通过自然条件、社会条件、能源规划对中国能源供给结构优化产生正向的间接影响，间接影响系数分别为 0.073、0.092、0.045；而通过环境因素和科技水平对中国能源供给结构优化则产生负向的间接影响，间接影响系数分别为 −0.075、−0.010。经济条件变动 1%，中国能源供给结构优化效果直接改变 0.648%。

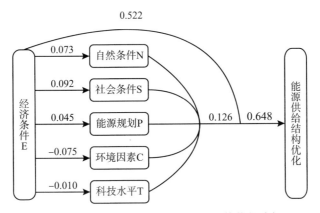

图 6.4　经济条件对中国能源供给结构优化路径

6.3.4　能源规划对中国能源供给结构优化路径

能源规划对中国能源供给结构优化的直接影响系数、能源规划对其他自变量的间接影响系数以及能源规划对中国能源供给结构优化的总影响系数的计算方式与前两节相同，能源规划对中国能源供给结构优化路径如图 6.5 所示。

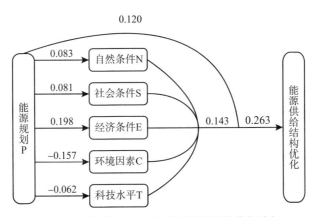

图 6.5　能源规划对中国能源供给结构优化路径

能源规划对中国能源供给结构优化产生正向的直接影响和间接影响，影响系数分别为 0.120、0.143，间接影响的作用效果较直接影响略高。能源规划通过自然条件、社会条件、经济条件对中国能源供给结构优化产生正向的间接影响，间接影响系数分别为 0.083、0.081、0.198；而通过环境因素和科技水平对中国能源供给结构优化则产生负向的间接影响，间接影响系数分别为 −0.157、−0.062。能源规划变动 1%，中国能源供给结构优化效果直接改变 0.263%。

6.3.5　环境因素对中国能源供给结构优化路径

环境因素对其他自变量的间接影响系数、环境因素对中国能源供给结构优化的直接影响系数以及总影响系数的计算方式与前文相同，社会条件对中国能源供给结构优化路径如图 6.6 所示。

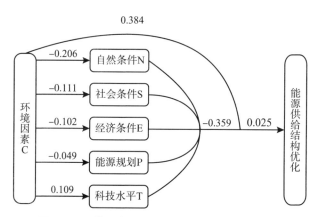

图6.6　环境因素对中国能源供给结构优化路径

环境因素对中国能源供给结构优化产生正向直接影响（影响系数为 0.384）和负向间接影响（影响系数为 −0.359），且直接影响略占优势。环境因素通过科技水平对中国能源供给结构优化产生正向的间接影响（间接影响系数为 0.109）；而通过自然条件、社会条件、经济条件和能源规划对中

国能源供给结构优化则产生负向的间接影响,间接影响系数分别为 -0.206、
-0.111、-0.102、-0.049。环境因素变动 1% ,中国能源供给结构优化效
果直接改变 0.025% 。

6.3.6 科技水平对中国能源供给结构优化路径

科技水平对其他自变量的间接影响系数、中国能源供给结构优化的直接
影响系数以及总影响系数的计算方式与前文相同,科技水平对中国能源供给
结构优化路径如图 6.7 所示。

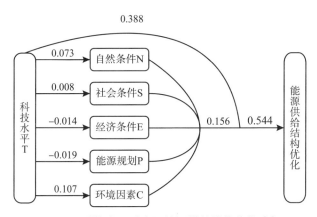

图 6.7 科技水平对中国能源供给结构优化路径

科技水平对中国能源供给结构优化产生正向直接影响和间接影响,
影响系数分别为 0.388、0.156,且直接影响略占主导地位。科技水平通
过自然条件、社会条件和环境因素对中国能源供给结构优化产生正向的
间接影响系数分别为 0.073、0.008、0.107;而通过经济条件和能源规
划对中国能源供给结构优化则产生负向的间接影响,间接影响系数分别
为 -0.014、-0.019。科技水平变动 1% ,中国能源供给结构优化效果
直接改变 0.544% 。

6.4 中国能源供给结构优化路径分析的结果

根据第 6.3 节中计算及分析结果绘制中国能源供给结构优化变量关系路径，如图 6.8 所示。

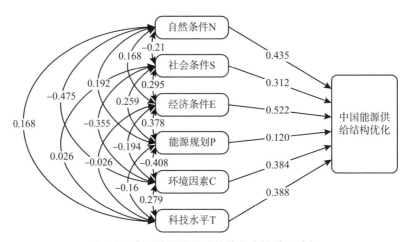

图 6.8 中国能源供给结构优化变量关系路径

自然条件、社会条件、经济条件、能源规划、环境因素和科技水平等因素之间均存在相关关系，以上六种因素都直接或间接地对中国能源供给结构优化产生一定影响。从变量关系可以看出，自然条件与社会条件、自然条件与环境因素、社会条件与环境因素、经济条件与环境因素、能源规划与环境因素有较强的负相关关系；经济条件与科技水平有弱负相关关系；社会条件与科技水平有弱正相关关系；除此之外其余因素间均有较强的正相关关系。直接影响方面，六种因素对中国能源供给结构优化直接影响顺序是：经济条件＞自然条件＞科技水平＞环境因素＞社会条件＞能源规划。间接影响方面，对中国能源供给结构优化影响较大的间接路径有：社会条件→经济条件→能源供给结构优化；能源规划→经济条件→能源供给结构优化；环境因素→科技水平→能源供给结构优化；科技水平→环境因素→能源供给结构优化。总影响方面，六种因素对中国能源供给结构优化的总影响顺序是：经济条件 > 科技水平 > 自然条件 > 社会条件 > 能源规划 > 环境因素。因此，从地区经济发展、科技创新、自然条件等因素入手实现中国能源供给结构优化更为有效。

6.5 本章小结

本章在分析中国能源供给结构优化作用机理的基础上，从自然条件、社会条件、经济条件、能源规划、环境因素、科技水平等方面进行路径分析，量化分析了各因素对中国能源供给结构优化的直接影响、间接影响和总影响。研究结果表明，自然条件、社会条件、经济条件、能源规划、环境因素、科技水平等因素，会对中国能源供给结构优化产生不同程度的影响，且以上因素之间均存在相关关系。

第7章
促进中国能源供给结构优化发展的对策

中国能源供给结构优化需要多个层面共同配合，从中国能源供给结构优化的程度、效率、影响因素出发，有针对性地提出促进中国能源供给结构优化发展的相关对策，为中国能源供给结构优化政策措施的制定和落实提供借鉴依据。

7.1　提高中国能源供给结构优化程度

第3章中从中国能源供给结构优化的进度视角进行研究，对中国能源供给结构优化程度进行评价，并在第5章分析了中国能源供给结构优化程度的收敛趋势。可知，评价模型的选取及应用直接影响中国能源供给结构优化程度的度量；中国能源供给结构优化程度整体存在收敛性；中国能源供给结构优化程度及其收敛速度存在显著的地区差异，环境规制强度变化直接影响中国各地区能源供给结构优化程度。因此，健全能源供给结构优化评价体系、实现差异化管理有利于中国能源供给结构优化程度的提升。

7.1.1　建立健全能源供给结构优化评价体系

真实、准确地掌握能源供给结构优化水平对能源供给结构优化研究有重要影响，从学研合作、研发投入、研企合作等方面入手，建立健全能源供给结构优化评价体系，为能源供给结构优化的进一步发展和研究提供保障。

首先，完善学研合作发展平台建设。充分发挥高校与科研院所的资源优势，加强学研合作，建立学研协同发展平台，构建以能源供给结构优化发展为目标的科研院所协同发展交流网络，加强能源供给结构优化评价模型协同创新交流平台建设，为能源供给结构优化评价体系建立奠定基础。

其次，加强评价模型研究投入。从劳动和资本两个层面对能源供给结构优化评价模型的研究进行投入。劳动投入方面，实现数量与质量并行，扩大专业人才培养范围，加大精专人才培养力度，鼓励研究人员精专化发展，加强高校与科研院所间的人才输送，实现人员信息互动、人才按需培养。资本投入方面，加大能源供给结构优化评价模型研究投入，建立专属性研究机构，为能源供给结构优化评价模型的创新深化研究提供保障。

最后，全力排除研企合作障碍。鼓励科研院所与企业交流，避免科研脱离应用现象的产生，及时应用并反馈新构建评价模型的科学性和准确性，加速能源供给结构优化评价模型从科学构建到应用的过程，为进一步深化研究奠定基础。

7.1.2 实现环境规制强度差异化管理

差异化环境规制可分为两类：一类是根据地区特点实行的差异化；另一类则是根据行业特点实行的差异化。差异化环境规制强度有助于环境规制针对性的增强。

分地区差异化环境规制强度。通过前文基于地区层面的相关研究可知，中国环境规制下的能源供给结构优化在各地区间存在明显的异质性。因此，针对不同能源供给特性的地区，所实施的环境规制强度应有所区别，使得环境规制强度与地区经济及能源供给结构优化水平相适应。

分行业差异化环境规制强度。对于煤炭开采和洗选业、非金属矿采选业等煤炭供给率较低的行业以及石油和天然气开采业等行业，需要精准测度环境规制拐点，在到达拐点前，继续加大环境规制强度。而对于能源供给效率较高的行业来说，一般化的环境规制强度不足以约束这些行业，因此，需要通过适量增加附加条件等方式，对这类行业进行规制，充分发挥环境规制的创新补偿效应。

7.1.3 实施差异化的政府干预政策

在环境规制差异化管理的基础上，进一步实施差异化的政府干预政策，提高能源供给结构优化发展的针对性。地区间能源供给结构优化水平的异质性使得统一化政府干预政策缺乏针对性，难以达到预期效果。例如，中国西部地区能源资源丰富，但是经济、科技条件落后地区，与中国东部地区人口密集、经济、科技领先地区相比，难以用统一的能源发展政策进行干预，且统一化的政府干预难以适用于中国的各个地区，因此需要差异化的政府干预。各地区在实施差异化环境规制的基础上，根据各地区自身社会经济、能源资源、技术水平特点，制定差异化的政府干预政策，有利于政府干预的有效性提高，是使中国各地区能源供给结构优化程度提高的有效手段。

7.2 实现中国能源供给结构优化效率提升

第 4 章中从中国能源供给结构优化的量度视角入手，对中国能源供给结构优化效率进行测度，第 5 章进一步分析了中国能源供给结构优化效率的收敛趋势。可知，能源供给结构优化过程中的投入产出比例关系直接影响能源供给结构优化效率。加强投入控制、提升期望产出、减少非期望产出有利于中国能源供给结构优化效率的提升。中国能源供给结构优化效率地区间差异随时间推移逐步减小，但是各地区间收敛速度存在显著差异。因此，加强中国能源供给结构优化过程中对投入产出的控制、缩小地区间能源供给结构优化效率差异，有利于中国整体能源供给结构优化效率的提升。

7. 2. 1 加强能源供给结构优化投入控制

从第 4 章的研究可知，环境规制下中国能源供给结构优化投入主要包括：能源投入、劳动投入和资本投入。能源供给结构优化投入情况直接影响中国能源供给结构优化效率，加强对能源供给结构优化投入的控制，从能源供给结构优化投入总量、能源投入结构、各因素投入比例等角度出发，实现能源供给结构优化投入控制。

控制能源供给结构优化投入总量，实现能源供给结构优化效率的提高。首先，强化资源稀缺意识，科学控制能源资源供给量，从优化能源资源利用方式入手，减小能源禀赋对能源供给结构优化效率的影响，有效控制能源投入量；其次，科学设置能源供应相关行业劳动岗位，根据工作特点、重心、劳动力需求进行劳动岗位的合理化和规范化设置，可以避免因无效岗位出现导致的劳动力失效，同时根据劳动能力进行岗位安排，有效提高劳动效率，使劳动投入最优化；最后，完善资本流向监管体系，建立资本流向监管机构，完善监管范畴、强化监管力度，对能源供给相关行业的投资目标、投资流程、资金用途、资金流向进行监管，确保每一笔资金都用在"刀刃儿"上，实现资本投入的有效性。

优化能源投入结构。不同种类能源在供给过程中的投入产出存在显著差异，新型绿色能源在供给过程中具有消耗劳动力较少、非期望产出较小等特点，合理安排能源投入比例，适当增加绿色能源供给比重，加大绿色能源相关领域投入，积极推动太阳能、风能、生物质能、地热能等绿色能源的设施建设，有利于中国能源供给结构优化效率的提升。

严格控制能源供给结构优化过程中的能源、资本、劳动投入比例。在控制过程中：首先，优化资本投入结构，以资本引领能源品种以及劳动力的转移；其次，充分分析能源、资本和劳动间的替代弹性，确定最小投入时各因素之间的比例关系；最后，使研究与应用进行充分衔接，根据研究结果对能源、劳动、资本投入比例进行适当调整，提高总体投入的有效性。

7.2.2 注重能源供给结构优化产出结构

从第 4 章的研究可知，环境规制下中国能源供给结构优化产出不仅包括社会效益、经济效益等期望产出，同时也包括环境效益等非期望产出。在一定投入条件下，实现期望产出最大化、非期望产出最小化，是提高中国能源供给结构优化效率的关键。

（1）以绿色能源开发推动替代能源发展，降低能源供给过程中非期望产出的产生。与传统化石能源相比，绿色能源在能源供给过程中对环境的破坏更小，且对经济发展的意义重大。绿色能源供给比例的提高是解决中国能源危机、保持环境可持续发展的必然选择。虽然现阶段在不考虑环境成本的情况下，多数绿色能源的利用成本较传统能源略高，但是其未来长期发展趋势良好，对人类持续发展背景下的能源供给具有重要作用。中国目前拥有包括太阳能、风能、生物质能、核能和地热能等多种丰富的绿色能源储备。通过绿色能源供给、能源转换科技创新发展，带动绿色能源规模开发、有效转换，进而推动中国替代能源发展，实现能源供给结构优化过程中非期望产出比例下降。

（2）以先进的加工、转化技术研发，减少非期望产出的产生。中国能源供给结构中煤炭等矿石能源占比过大是限制能源供给结构优化效率提升的重要因素。着重提高能源产业技术创新水平，加大能源加工、转化技术的基础研究投入，推动能源供给产业发展。加快能源加工和转化技术创新步伐，推动能源供给技术进步，依靠能源供给结构多元化发展，优化能源供给产出，有利于中国能源供给结构优化效率的提升。

7.2.3 加速缩小地区间差异

通过加强地区间交流合作，实现地区间能源供给结构优化效率差距的缩小。从第 5 章的研究可知，中国能源供给结构优化效率受空间效应影响，加入空间因素后限制了中国整体能源供给结构优化效率的收敛速度，能源供给结构优化水平较高地区的引领作用随着距离的增加而减弱。换言之，中国能源供给结构优化效率具有空间辐射作用，即各地区能源供给结构优化效率会随着邻近地区能源供给结构优化效率的提升而提高。因此，充分利用中国能源供给结构优化过程中的空间效应，加强各地区间的互动和联系，促进地区之间的技术流动，有利于发达地区发挥引领作用，加速地区间差距的缩小，提升中国整体能源供给结构优化水平。

7.3 加强中国能源供给结构优化影响因素调控

第 6 章路径分析结果可知，环境因素、自然条件、社会条件、经济条件、能源规划等影响中国能源供给结构优化的主要因素，对中国能源供给结构优化均有正向影响。加强对相关因素的调控，通过引导诸因素向有利于中国能源供给结构优化水平提升的方向发展，促进中国整体能源供给结构优化发展。

7.3.1 不断完善环境规制体系建设

通过第 6 章研究可知，环境因素对中国能源供给结构优化产生正向直接影响和负向间接影响，且总影响不明显。通过环境规制对能源供给结构进行作用，短期效果不显著，但是长期意义重大。以环境规制带动中国能源供给结构优化可以从根源实现能源优化。不断完善环境规制体系建设，从环境规制方法体系、环境规制法律体系、环境规制支撑体系及环境规制监督体系四个角度逐步完善中国环境规制体系。

7.3.1.1 扩展并完善环境规制方法体系，为环境规制的实施提供有效途径

在中国现行环境规制方法体系中，以政府主导的命令控制型环境规制方

法依然占据主导地位，随着实践的深入，市场激励型、自愿性规制和隐性规制等规制方法的应用也不断增加。从第 3 章到第 6 章的分析可知，中国能源供给结构优化发展地区间存在异质性，因此环境规制形式在多元化配合基础上同样需要"因地制宜"。面对极端天气频发、环境污染不断加重、能源资源短缺日益显现等问题的出现，以及全球环境保护行动的施行和中国环保承诺等压力，中国政府需要拓展环境规制思路。一方面，通过已有环境规制手段间作用比例的调整逐步提升自愿性规制和隐性规制在环境规制中的作用和地位，进一步完善环境规制方法体系。另一方面，通过环境规制手段的创新和增加，不断扩展环境规制方法体系外延。

7.3.1.2　修正和完善环境规制法律体系，为环境规制的实施提供有力依据

通过第 2 章的阐述可知，环境规制法律体系是用以体现国家或地区环境管理水平的系统，健全的环境规制法律体系有利于主体权利、义务、责任甚至是利益的范围及尺度的确认。中国现行环境规制法律体系仍然处于探索发展阶段，环境规制相关法律还不够完善，相关政策法规的制定较滞后。因此，中国环境规制相关法律法规制定方面，需要立足于中国能源、环境、气候形势，逐步完善环境法律法规，加强法律法规的约束力度。同时，放权于地方，成立地区环境规制综合协调部门，将资源、环境统一化管理。制定以绿色经济为核心的地方政府政绩评价标准，支持地方环境规制法律体系完善，为环境规制的实施提供有力依据。

7.3.1.3　提升和完善环境规制支撑体系，为环境规制的实施提供技术支持

从第 2 章的研究中可知，环境规制支撑体系是为了实现环境保护而采取的技术支撑系统。该系统的提升和完善从技术层面为实现环境规制提供支持。明确环境规制投入目的，密切关注资金路径，通过合理分配各类资源达到提高资金利用效率的目的。中国环境规制支撑体系的提升，需要从环境规制投入、科技水平的提高、相关因素配套协调等多方面来提供支持，通过多方协

同配合不断完善环境规制支撑体系，为环境规制的实施提供技术支持。

7.3.1.4 强化和完善环境规制监督体系，为环境规制的有效实施提供保障

环境规制监督体系对地区环境规制起到监督和纠正的作用，该体系受政府监督、公众环保执法、排污企业外部监管等共同影响。中国现行环境规制监督体系的完善，需要从技术进行突破，提升监测人员业务能力，加强环境监测，提高监管处罚效率。另外，建立环境监督抽查机制，针对污染排放严重地区实行重点检查，大幅提升偷排、超排等违法违规行为的处罚力度。坚持信息公开，建立监督信息共享平台，及时有效共享监管信息。不断强化并完善环境规制监督体系，为环境规制的有效实施提供保障。

7.3.2 大力促进社会进步和产业结构调整

通过前文第 6 章分析可知，社会条件对能源供给结构优化有正向的直接影响（0.312）和总影响（0.280）。而城市化、教育、产业结构等均是社会条件的体现。从以上因素入手，促进社会进步，有利于中国能源供给结构优化发展。

7.3.2.1 加快城市化进程，实现能源供给规模化

近年来，中国城市化进程虽然明显加快，但是与西方发达国家相比仍然存在一定差距。而中国能源供给及需求结构存在显著的城乡差异，农村居民能源供需主要以薪柴、秸秆等非商品为主的同时，煤炭等化石能源供需比例仍然处于较高水平，而新能源利用规模极小，且能源利用难以形成规模。农村存在能源燃烧不充分、能源浪费、用能分散、优质能源占比低等问题，大大降低了能源效率。与农村相比，城镇人口密度大、能源需求集中，更容易形成集约型规模化的能源供给模式，有利于能源供给结构优化发展。

现今中国城市化建设已经初具规模，在此基础上，继续推动人口向城镇

转移，实现农业产业化、能源供给规模化，在不断扩大城市外延的同时，加强城市内涵建设，树立更加科学的发展理念，克服城市能源发展矛盾，突破能源发展瓶颈，实现能源供给结构优化。

7.3.2.2 加强意识形态教育，正确把握舆论导向

能源优化是一个长期而又漫长的过程，能源供给结构优化可以从供给源头入手实现能源优化，这一过程虽然短期内难见成效，但是可以解决能源发展的根本困境。意识是深入骨髓的存在，节能意识的形成，不仅作用于当下，而且对下一代人，甚至是未来几代人均有重要影响。能源优化发展意识教育是能源发展源头的根本，全面普及持续发展概念，加强能源优化发展意识教育，注重能源生态动态长期发展，可以从本质上促进能源、社会、环境长期协调、持续发展。因此，加强教育意识，引导社会舆论导向，通过公众意识引导推动中国能源供给结构优化，需要政府各部门、各级院校、企业、社会团体甚至千万家庭共同配合，广泛开展形式多样的宣传、教育活动，在全社会建立节能文化、树立环保意识、倡导生态文明，全面构建能源优化发展新容貌。

7.3.2.3 不断调整优化产业结构

调整优化产业结构是推动产业结构合理化和产业结构高级化发展的过程，也是能源供给优化的必要手段。合理的产业结构可以使用最少的能源资源获得最大的经济效益，因此，中国产业结构优化调整势在必行。

首先，大力优化高能耗产业。高能耗产业向低能耗、高效益方向发展，对中国能源发展意义重大。中国政府需要充分利用监管职能，对高能耗产业进行严格把关，坚决禁止未达能耗要求企业生产。完善市场竞争机制，通过市场调节淘汰落后的、高能耗产业。同时，调整工业行业内部结构，促进行业多元化、产品多样化发展。

其次，推动产业结构优化升级。不同产业能耗量与经济效益比重存在显著差异，随着社会发展，产业间的界限也逐渐模糊，先进制造业的前端和后

端应属于现代服务业范畴,而中国对于前端的技术设计、开发以及后端的品牌、物流和销售涉及比例较小,是中国产业结构优化升级的巨大阻碍。因此,中国需要加大先进制造业前端和后端发展,加快高端技术领域转型,促进高新技术产业化环境建立,实现有效推动产业结构的优化升级。

7.3.3 提高能源优化发展过程中的经济导向作用

通过前文经济条件对能源供给结构优化的影响路径分析可知,经济条件对能源供给结构优化的直接影响和总影响在各因素中是最高的,即通过经济条件使能源结构优化改变最为有效。经济是一国发展的基础,通过经济发展促进中国能源供给结构优化,为建立美丽中国奠定基础。

7.3.3.1 鼓励经济开放,引导外资结构合理化

开放经济吸引外资,为解决能源环境发展矛盾提供支撑手段。利用外资是开放中国的基本国策,也是建立开放型经济新体制的重要组成部分。通过引入外资,促进了国内市场竞争,提升了产业竞争力的同时,外资流向也直接影响地区产业。充分发挥地区优势,引导外资结构合理化,使地区产业向高新技术产业转移,实现清洁绿色能源产业化,利用自然资源和产业集群优势,形成新的辐射中心,逐步吸引更多高质量的外资流入。

7.3.3.2 坚持推进经济结构调整,优化地区布局

为进一步适应生产力的发展,中国需要加快运用经济、法律和相应的行政手段,改变现有的经济结构状况,使之趋于合理和完善,进而加速经济结构调整,优化各地区布局。中国政府要用循环经济发展理念指导地区发展,根据能源资源条件以及各地区特性,规划、建设和改造重工业集中地区。中国境内企业,需要综合控制能源、水资源利用及废物排放,发挥产业集约优势,形成资源高效循环产业链。在此基础上,政府加强宏观调控,遏制盲目投资,提高建设水平,全力打造循环经济工业园,从技术、监管、效率多角

度入手，减少废物的产生和排放，坚持推进经济结构调整，形成有利于促进循环经济发展的社会环境及政策体系。

7.3.4 完善能源法律体系实现能源投资结构优化

通过前文能源规划对能源供给结构优化的影响路径分析可知，能源规划对能源供给结构优化产生正向的直接影响和间接影响。政府能源规划动向是地方能源供给结构发展方向的风向标，虽然作用过程存在时滞性，但是作用时效持续长久。

7.3.4.1 合理制定能源政策，逐步完善法律体系

中国地区间能源供给结构优化程度存在显著差异，因地制宜地制定能源政策，有利于实现能源供给结构优化、缩小地区间差距。因此，在制定能源政策时，各地政府需结合地区能源资源发展条件，全面把握各地区能源、技术、产业发展水平以及政府干预能力，充分发挥东部技术引领优势、中部空间辐射优势和西部资源富集优势，因地制宜地制定合理的能源政策。在《可再生能源法》《清洁能源生产促进法》等基础上，结合各地区实际情况，从财税、补贴等多方面着手，制定相应地方能源法律，逐步、逐级完善能源优化发展法律体系。

7.3.4.2 科学规划能源投资，优化投资结构

能源投资结构对能源供给结构优化有直接影响，科学规划能源投资，优化投资结构，可以有效减小能源供给结构优化阻力。政府在能源投资过程中起到一定的导向作用，在不同地区实施差异化的政府干预政策，充分发挥东部市场化程度较高地区资源配置能力，加大中、西部地区市场化程度不高地区扶持力度，通过政策制定引导能源投资向新能源转移。通过系统地记录、搜集、整理能源投资情况，科学分析不同投资规模和比例下能源供给结构变化。在此基础上，综合考虑政策、环境、经济、社会等多方面因素，科学规

划能源投资结构,以能源投资结构优化为导向,实现能源供给结构优化。

7.3.5 加强自然环境保护力度

自然条件是一个地区经历成千上万年的天然非人为因素改造而形成的基本情况,地形条件、气候条件、矿产资源、水利资源以及新能源资源等均属于自然条件。因此,自然条件是很难以人类意志为转移的,但是,矿产、水利、新能源等资源的可供给量或储备量、供给结构等则可以通过人类活动而改变。因此,可以通过自然条件中各种能源资源的有效利用,提升自然资源的可供给量,实现中国能源供给结构优化。

7.3.5.1 增加绿化面积,实现水源涵养

水源涵养是养护水资源的举措,水源涵养不仅有利于调节径流、防止水旱灾害,而且能够促进水资源的合理开发和利用。

增加绿化面积、实现水源涵养,具有开源意义。首先,增加绿化面积,可以提高绿化地区的降水量,有利于小流域治理。林地等绿化区植被可以有效吸收大气中的水分,使林区和林区边缘降水量得到提升,有效提升小流域治理效率。其次,绿化面积及植被覆盖密度的增加,使枯枝落叶层的面积及厚度也随之增加,枯枝落叶层吸收水分总量随之增加。最后,绿色植被覆盖地储蓄渗透降水的能力大大高于无植被覆盖地,提高了绿化地区周边的地下水流量。

增加绿化面积、实现水源涵养,具有节流意义。首先,增加绿化面积有利于"绿色水库"的形成。植被茂密的地方通常被称为"绿色水库",绿色植被可以促进自然界水分的良性循环,同时具有涵养水源、调节气候的功效。其次,绿化地区的林冠对于降水产生一定的截留作用,且作用强度与植被面积成正比增长。最后,植被覆盖率高的森林还具有缩小温差、增加空气湿度、防止气候骤变等作用,对保护自然环境及储蓄水资源具有重要贡献。

充分结合水源涵养的开源节流作用,提升水资源可供给量,是实现能源

供给结构优化发展的有力保障。

7.3.5.2　科学合理开发新能源资源，使能源供给多样化

新能源资源在自然条件中长久存在，只是受人类认知、技术等发展限制，长久以来难以被人类利用。现今的新能源通常指太阳能、风能、地热能、氢能等。随着历史的演化和科技水平的发展，不同时期的新能源会有不同内容。以新技术和新材料为基础，使传统可再生能源得到科学合理地开发和利用，用可循环、可再生的能源取代化石能源，对中国甚至全球能源发展有重大意义。

现今认知下的新能源是在自然界中时刻存在的、可再生的，且对自然环境污染极小的自然资源，对这些新能源进行合理的收集与开发，从新能源资源开发技术、储存设备、运输与转换手段等角度入手，提高新能源可供给量，增加中国各地区新能源储备量，使能源供给清洁化、多样化，是实现能源供给结构优化发展的有力手段。

7.3.6　提升能源供给技术创新水平

通过前文科技水平对能源供给结构优化的影响路径分析可知，科技水平对能源供给结构优化的直接影响和间接影响均为正向，且总影响在各因素中占据较高地位。通过科技水平提升可以拉动能源供给结构优化。

7.3.6.1　提升传统能源技术创新水平

近年来，中国整体能源技术创新水平有所提高，但是，能源企业创新能力分布存在过分集中问题，不同能源企业的创新能力存在较大差距。现阶段传统能源在中国能源供给比重中仍然占据绝对优势，因此，中国政府应大力提升传统能源技术创新水平，使创新能力在能源产业链中的各个环节均衡分布。通过对传统能源技术创新实现煤炭供给能力、石油利用效率、天然气开发水平的稳步提升。加快传统能源技术创新体系建设，重点突破能源关键领

域的技术限制,切实提高传统能源整体开发技术水平以及供给、消费效率。

7.3.6.2 提升新能源技术创新水平

中国在提高传统能源领域创新能力的同时,更应注重新能源技术创新能力的提升。能源工程大规模化、能源生产装备大型化和能源生产与传送集中化促使中国能源企业创新能力产业链分布集中,未来要尽快改变这一现状,逐步形成创新领导者与创新追随者的合理梯度。通过政府部门积极协调,保障技术引进的流畅。注重提高新能源使用技术的科技创新水平,进一步强化新能源技术改进和创新完善。通过技术创新促进新型清洁能源发展,不断提高能源供给品种,改变能源供给方式,保障能源发展安全。

7.4 本章小结

本章在前文的研究基础上,从中国能源供给结构优化的程度、效率和影响因素角度入手,提出了促进中国能源供给结构优化发展的具体对策。通过准确评价能源供给结构优化程度、科学实施政府管理,实现中国能源供给结构优化程度的提高;通过严格把控投入产出、加速缩小地区间差异,实现中国能源供给结构优化效率的提升;通过厘清主要因素对能源供给结构优化的影响,进行进一步调控,促进中国能源供给结构优化发展,进而推进中国整体能源供给结构优化进程。

结　论

以环境规制为条件，以中国能源供给结构优化为研究主体，按照环境规制下中国能源供给结构优化"基础理论—程度评价—效率测度—收敛趋势—发展路径"的技术路线展开研究。本书构建组合权重模型、SPA-TOPSIS 模型、PP-SFA 模型、空间收敛模型等研究模型，结合词频分析、σ 收敛分析、β 收敛分析、路径分析等分析方法，通过定性分析与实证分析相结合，对中国能源供给结构优化在环境规制下的发展展开了深入研究，得到的主要结论如下：

（1）SPA-TOPSIS 能源供给结构优化程度评价模型，能够科学、客观地评价中国能源供给结构优化程度。环境规制一般水平与环境规制加强水平下，中国部分地区能源供给结构优化程度发生显著变化，环境规制强度的增加对中国各地区能源供给结构优化程度具有一定影响，且作用方向存在差异。另外，中国能源供给结构优化程度也存在显著地区性差异，增强发达地区辐射力度，有针对性进行梯度发展，有利于中国整体能源供给结构优化程度的提升。

（2）PP-SFA 能源供给结构优化效率模型兼顾了数据有效性和指标的全面性，能够科学合理地测度中国能源供给结构优化效率。一般情况下与环境规制下中国能源供给结构优化效率存在差异，且加入环境规制后，部分影响因素对中国能源供给结构优化效率的作用方向发生了改变。中国能源供给结构优化效率整体处于中等水平且地区性差异显著。随着时间的推移，中国能源供给结构优化效率疲软态势逐渐好转，环境规制对能源供给结构优化效率的冲击逐渐减弱。

（3）中国能源供给结构优化程度的 σ 收敛方面，中国整体呈先收敛后发散的状态，从三大地区来看，东部地区、中部地区的 σ 系数整体呈 W 形波动，而西部地区的 σ 系数整体呈 M 形波动；β 收敛方面，中国整体能源供给结构优化程度在 OLS 模型、绝对 SLM 模型和条件 SLM 模型下均存在 β 收敛，能源供给结构优化程度相对落后地区实现了与先进地区间差距的缩小；在俱乐部收敛模型中，中国东部、中部、西部三大地区能源供给结构优化程度均存在俱乐部收敛，其中，中部地区和西部地区的收敛速度适中，而东部地区收敛速度相对较慢。

（4）中国能源结构优化效率的 σ 收敛方面，经历了"发散—收敛—发散—收敛"的过程，三大地区 σ 系数变化差异显著；β 收敛方面，中国整体能源供给结构优化效率在 OLS 模型、绝对 SLM 模型和条件 SLM 模型下进行估计均存在 β 收敛；在俱乐部收敛方面，中国东部、中部、西部三大地区能源供给结构优化效率均存在俱乐部收敛，其中，东部地区的收敛速度较快，中部地区和西部地区的收敛速度相近。

（5）自然条件、社会条件、经济条件、能源规划、环境因素、科技水平等因素对中国能源供给结构优化均有正向的总影响，但是影响程度因地区特点不同而存在差异。六种因素对中国能源供给结构优化直接影响顺序是：经济条件 > 自然条件 > 科技水平 > 环境因素 > 社会条件 > 能源规划；对中国能源供给结构优化影响较大的间接路径有：社会条件→经济条件→能源供给结构优化；能源规划→经济条件→能源供给结构优化；环境因素→科技水平→能源供给结构优化；科技水平→环境因素→能源供给结构优化。

能源供给结构优化发展是一个复杂而长久的研究过程，由于笔者研究时间、研究能力有限，研究中还存在一些不足：首先，受数据来源限制，本书实证分析只选取中国 30 个省份（不包含我国西藏和港澳台地区）进行研究，且少数指标数据用相近指标进行替代，降低了研究的精准性。其次，进行中国能源供给结构优化的路径分析时，只精确到准则层影响。因此，未来研究需要更加精确统计数据，细化中国能源供给结构优化路径，进一步研究中国能源供给结构优化发展情景及路线图。

参考文献

[1] 曹静，贾娜，李根，等.3E 系统视角下能源结构合理度评价研究 [J].
系统工程学报，2018，33 (5)：698 - 709.

[2] 陈德敏，张瑞.环境规制对中国全要素能源效率的影响：基于省际面板
数据的实证检验 [J].经济科学，2012 (4)：49 - 65.

[3] 陈正.基于经济增长与能源消费关系的中国能源消费预测 [J].西北大
学学报 (哲学社会科学版)，2011 (5)：65 - 70.

[4] 邓聚龙.灰色系统理论 [M].武汉：华中理工大学出版社，1990.

[5] 董锋，谭清美，周德群，等.技术进步、产业结构和对外开放程度对中
国能源消费量的影响 [J].中国人口·资源与环境，2009，19 (6)：
185 - 189.

[6] 杜栋，庞庆华，吴炎.现代综合评价方法与案例精选 [M].第 3 版.北
京：清华大学出版社，2015.

[7] 杜祥琬.能源革命：为了可持续发展的未来 [J].中国人口·资源与环
境，2014，24 (7)：1 - 4.

[8] 方德斌，董炜，余谦.低碳转型趋势下中国能源消费结构优化 [J].技
术经济，2016 (7)：71 - 79，128.

[9] 冯婷.改进收敛条件的动态调整惯性权重 PSO 算法 [J].计算机工程与
应用，2009，45 (3)：175 - 177.

[10] 付强，赵小勇.投影寻踪模型原理及其应用 [M].北京：科学出版

社，2006.

[11] 傅京燕. 环境规制和产业国际竞争力 [M]. 北京：经济科学出版社，2006.

[12] 关伟，许淑婷. 中国能源生态效率的空间格局与空间效应 [J]. 地理学报，2015，70（6）：980-992.

[13] 郭凯，慈兆程. 基于 ETFEE 指数的中国区域结构能源效率的实证研究 [J]. 宏观经济研究，2014（10）：99-107，159.

[14] 韩国高. 环境规制、技术创新与产能利用率：兼论"环保硬约束"如何有效治理产能过剩 [J]. 当代经济科学，2018，40（1）：84-93.

[15] 韩国高. 环境规制能提升产能利用率吗？：基于中国制造业行业面板数据的经验研究 [J]. 财经研究，2017（6）：68-81.

[16] 韩建国. 能源结构调整"软着陆"的路径探析：发展煤炭清洁利用、破解能源困局、践行能源革命 [J]. 管理世界，2016（2）：3-7.

[17] 郝晓莉，卓乘风，邓峰. 区域创新对能源结构的异质性边际效应：以丝绸之路经济带地区为例 [J]. 工业技术经济，2017，36（10）：3-11.

[18] 何立华，杨盼，蒙雁琳，等. 能源结构优化对低碳山东的贡献潜力 [J]. 中国人口·资源与环境，2015，25（6）：89-97.

[19] 华小义，谭景信. 基于"垂面"距离的 TOPSIS 法：正交投影法 [J]. 系统工程理论与实践，2004，24（1）：114-119.

[20] 蒋毅一，王浩良. 中国工业能耗与工业经济增长的关系研究 [J]. 统计与决策，2009（4）：114-116.

[21] 李国良，李忠富，付强. 基于投影寻踪模型的企业绩效评价研究 [J]. 运筹与管理，2011，20（4）：170-175.

[22] 李琳，陈波平. 中国的生态足迹与绿色发展 [J]. 中国人口·资源与环境，2012，22（5）：63-65.

[23] 李姝，姜春海. 战略性新兴产业主导的产业结构调整对能源消费影响分析 [J]. 宏观经济研究，2011（1）：36-40

[24] 李双杰，李春琦. 全要素能源效率测度方法的修正设计与应用 [J]. 数

量经济技术经济研究, 2018, 35 (9): 110 – 125.

[25] 李爽, 曹文敬, 陆彬. 低碳目标约束下我国能源消费结构优化研究 [J]. 山西大学学报 (哲学社会科学版), 2015 (4): 108 – 115.

[26] 李阳, 党兴华, 韩先锋, 等. 环境规制对技术创新长短期影响的异质性效应: 基于价值链视角的两阶段分析 [J]. 科学学研究, 2014, 32 (6): 937 – 949.

[27] 李珠瑞, 马溪骏, 彭张林. 基于离差最大化的组合评价方法研究 [J]. 中国管理科学, 2013, 21 (1): 174 – 179.

[28] 厉桦楠. 我国能源资源利用效率评价及对策建议 [J]. 山东社会科学, 2017 (9): 140 – 146.

[29] 梁昌勇, 戚筱雯, 丁勇, 等. 一种基于 TOPSIS 的混合型多属性群决策方法 [J]. 中国管理科学, 2012, 20 (4): 109 – 117.

[30] 梁琳琳, 卢启程. 基于碳夹点分析的中国能源结构优化研究 [J]. 资源科学, 2015, 37 (2): 291 – 298.

[31] 林伯强, 杜克锐. 我国能源生产率增长的动力何在: 基于距离函数的分解 [J]. 金融研究, 2013 (9): 84 – 96.

[32] 林伯强, 李江龙. 环境治理约束下的中国能源结构转变: 基于煤炭和二氧化碳峰值的分析 [J]. 中国社会科学, 2015 (9): 84 – 107.

[33] 林伯强. 能源革命促进中国清洁低碳发展的 "攻关期" 和 "窗口期" [J]. 中国工业经济, 2018 (6): 15 – 23.

[34] 刘朝, 周宵宵, 张欢, 等. 中国居民能源消费间接回弹效应测算: 基于投入产出和再分配模型的研究 [J]. 中国软科学, 2018, 334 (10): 147 – 162.

[35] 刘戒骄. 从战略视角把握中国的能源结构调整 [J]. 中国能源, 2003, 25 (6): 17 – 23.

[36] 刘金林, 冉茂盛. 环境规制对行业生产技术进步的影响研究 [J]. 科研管理, 2015, 36 (2): 107 – 114.

[37] 刘鹏, 孟凡生. 中国能源供给结构低碳化影响因素及实现策略 [J]. 现

代经济探讨，2014（6）：52 – 54.

［38］刘思峰，蔡华，杨英杰，等.灰色关联分析模型研究进展［J］.系统工程理论与实践，2013，33（8）：2041 – 2046.

［39］刘微微，石春生，赵圣斌，等.具有速度特征的动态综合评价模型［J］.系统工程理论与实践，2013，33（3）：705 – 710.

［40］刘伟，童健，薛景.行业异质性、环境规制与工业技术创新［J］.科研管理，2017，38（5）：1 – 11.

［41］刘振元.低碳经济视角下我国能源结构优化研究［J］.商业时代，2011（10）：122 – 123.

［42］陆伟锋，唐厚兴.关于多属性决策 TOPSIS 方法的一种综合改进［J］.统计与决策，2012（19）：38 – 40.

［43］吕涛，高剑.减排约束下电力结构预测与优化研究：以江苏省 2030 年电力结构为例［J］.科技管理研究，2018（1）：260 – 266.

［44］马立平，陈首丽.产业结构变化对我国能源消费的动态冲击分析［J］.统计与决策，2010（4）：117 – 119

［45］孟超，胡健.基于 BP 神经网络的中国煤炭安全评价研究［J］.科研管理，2016，37（8）：153 – 160.

［46］孟凡生，邹韵.基于 SPA-TOPSIS 方法的能源结构优化程度评价［J］.运筹与管理，2018，27（11）：122 – 130.

［47］苗韧，周伏秋，胡秀莲，等.中国能源可持续发展综合评价研究［J］.中国软科学，2013（4）：17 – 25.

［48］能源百科全书编辑委员会.能源百科全书［M］.北京：中国大百科全书出版社，1997.

［49］彭盼，任心原，范英，等.中国多地区低碳能源技术的优化选择［J］.系统工程理论与实践，2018，38（8）：1968 – 1982.

［50］秦青，马奔，辛姝玉，等.川西地区 562 户农户能源结构变化及其影响因素分析［J］.软科学，2017，31（12）：92 – 95.

［51］邱硕，王雪强，毕胜山，等.陕西省能源需求预测及其影响因素分析

[J]. 中国管理科学, 2016 (S1): 932 - 937.

[52] 邵庆龙. 中国经济增长与三个产业能源消耗的结构调整 [J]. 科研管理, 2017 (1): 127 - 136.

[53] 沈能. 能源投入、污染排放与我国能源经济效率的区域空间分布研究 [J]. 财贸经济, 2010 (1): 107 - 113.

[54] 石莹, 朱永彬, 王铮. 成本最优与减排约束下中国能源结构演化路径 [J]. 管理科学学报, 2015, 18 (10): 26 - 37.

[55] 时乐乐, 赵军. 环境规制、技术创新与产业结构升级 [J]. 科研管理, 2018 (1): 119 - 125.

[56] 宋小园, 朱仲元, 刘艳伟, 等. 通径分析在 SPSS 逐步线性回归中的实现 [J]. 干旱区研究, 2016, 33 (1): 108 - 113.

[57] 孙耀华, 仲伟周. 中国省际碳排放强度收敛性研究: 基于空间面板模型的视角 [J]. 经济管理, 2014, 36 (12): 31 - 40.

[58] 陶长琪, 李翠, 王夏欢. 环境规制对全要素能源效率的作用效应与能源消费结构演变的适配关系研究 [J]. 中国人口·资源与环境, 2018, 28 (4): 98 - 108.

[59] 田翠香, 孙晓婷. 环境规制、绿色技术创新与企业绩效研究综述 [J]. 环境保护与循环经济, 2017 (6): 6 - 9.

[60] 汪行, 范中启. 城市化、能源结构与碳强度的动态关系研究: 基于 VAR 模型的实证分析 [J]. 工业技术经济, 2017, 36 (6): 104 - 110.

[61] 汪行, 范中启, 张瑞. 基于 VAR 的我国能源效率与能源结构关系的实证分析 [J]. 工业技术经济, 2016, 35 (9): 128 - 134.

[62] 王博峰, 李富有, 王可. 金融结构与能源结构的关系研究 [J]. 西安交通大学学报 (社会科学版), 2014, 34 (2): 22 - 26.

[63] 王迪, 聂锐, 李强. 江苏省能耗结构优化及其节能与减排效应分析 [J]. 中国人口·资源与环境, 2011, 21 (3): 48 - 53.

[64] 王风云. 我国能源供给与需求和经济增长之间关系实证研究 [J]. 工业技术经济, 2008, 10 (10): 77 - 85.

［65］王秋彬. 工业行业能源效率与工业结构优化升级：基于 2000～2006 年省际面板数据的实证研究［J］. 数量经济技术经济研究，2010（10）：49－63.

［66］魏巍贤，马喜立. 能源结构调整与雾霾治理的最优政策选择［J］. 中国人口·资源与环境，2015，25（7）：6－14.

［67］吴冲，万翔宇. 基于改进熵权法的区间直觉模糊 TOPSIS 方法［J］. 运筹与管理，2014，23（5）：42－47.

［68］吴力波，周阳，徐呈隽. 上海市居民绿色电力支付意愿研究［J］. 中国人口·资源与环境，2018（2）：86－93.

［69］吴小翠，周兵兵，朱继业. 我国中部地区能源消费省域差异的多层次分析［J］. 中国人口·资源与环境，2011，21（S2）：357－361.

［70］吴映梅，张雷，谢辉. 西部能源生产系统结构演进效率分析［J］. 地理科学进展，2006，25（1）：56－62.

［71］吴智泉，刘明浩. 基于资源配置理论的能源结构节能潜力测算［J］. 系统工程，2017，35（8）：93－99.

［72］伍格致，游达明. 环境规制对技术创新与绿色全要素生产率的影响机制：基于财政分权的调节作用［J］. 管理工程学报，2019，33（1）：42－55.

［73］肖炼. 中美能源合作前景及对策：改善能源安全和保护环境［M］. 北京：世界知识出版社，2008.

［74］肖兴志. 规制经济理论的产生与发展［J］. 经济评论，2002（3）：67－69.

［75］徐枫，唐镭. 节能减排背景下广东能源结构优化及对策研究［J］. 科技管理研究，2015（15）：233－239.

［76］徐国政. 碳约束下中国能源消费结构优化研究［D］. 北京：中国矿业大学，2016.

［77］徐建中，王曼曼. 绿色技术创新、环境规制与能源强度：基于中国制造业的实证分析［J］. 科学学研究，2018，36（4）：744－753.

[78] 徐向阳. 能源供应安全视角下中印生物质能源利用的比较 [J]. 自然资源学报, 2010, 25 (10): 1806 - 1812.

[79] 徐泽水. 一种基于目标贴近度的多目标决策方法 [J]. 系统工程理论与实践, 2001, 21 (9): 101 - 103.

[80] 许珊, 范德成, 王韶华. 基于最优评价方法的我国能源结构低碳评价研究 [J]. 科技管理研究, 2016, 36 (5): 186 - 192.

[81] 闫晓霞, 张金锁, 邹绍辉. 我国可耗竭能源资源最优开采模型研究 [J]. 中国管理科学, 2016 (9): 81 - 90.

[82] 于丹, 张兰, 张彩虹. 基于熵权 TOPSIS 的林木生物质能源区域发展潜力的评价研究 [J]. 北京林业大学学报 (社会科学版), 2016, 15 (3): 50 - 55.

[83] 余伟, 陈强, 陈华. 环境规制、技术创新与经营绩效: 基于 37 个工业行业的实证分析 [J]. 科研管理, 2017, 38 (2): 18 - 25.

[84] 郁乐. 变化世界中的全球变暖及其治理困境: 巴黎气候会议之后的气候治理逻辑 [J]. 思想战线, 2017, 43 (3): 160 - 166.

[85] 袁晓玲, 张宝山, 杨万平. 基于环境污染的中国全要素能源效率研究 [J]. 中国工业经济, 2009 (2): 76 - 86.

[86] 张传平, 周倩倩. 我国能源消费影响因素研究: 基于长期均衡和短期波动的协整分析 [J]. 中国能源, 2013, 35 (3): 35 - 38.

[87] 张红凤, 张细松. 环境规制理论研究 [M]. 北京: 北京大学出版社, 2012.

[88] 张优智, 党兴华. 我国的能源消费与经济增长: 1980 ~ 2011——基于非线性 STR 模型的实证分析 [J]. 运筹与管理, 2016, 25 (6): 162 - 174.

[89] 赵静. 数学建模与数学实验 [M]. 北京: 高等教育出版社, 2000.

[90] 赵克勤. 集对分析及其初步应用 [M]. 杭州: 浙江科学技术出版社, 2000.

[91] 赵玉民, 朱方明, 贺立龙. 环境规制的界定、分类与演进研究 [J]. 中国人口·资源与环境, 2009, 19 (6): 85 - 90.

［92］ 郑照宁，刘德顺. 考虑资本 – 能源 – 劳动投入的中国超越对数生产函数［J］. 系统工程理论与实践，2004（5）：51 – 54，115.

［93］ 周庆元，陈海龙. 我国能源消费与产业结构的互动关系分析［J］. 统计与决策，2018，34（20）：99 – 102.

［94］ 周德田，郭景刚. 能源效率视角下中国能源结构的灰色关联及通径分析［J］. 中国石油大学学报（社会科学版），2013（1）：6 – 11.

［95］ 周肖肖，丰超，胡莹，等. 环境规制与化石能源消耗：技术进步和结构变迁视角［J］. 中国人口·资源与环境，2015，25（12）：35 – 44.

［96］ 朱俏俏，孙慧，王士轩. 中国资源型产业及制造业碳排放与工业经济发展的关系［J］. 中国人口·资源与环境，2014，24（11）：112 – 119.

［97］ 朱青，罗志红. 基于灰色关联模型的中国能源结构研究［J］. 生态经济，2015，31（4）：34 – 38.

［98］ 庄之乔，晏维龙. 中国能源利用结构优化的技术创新能力贡献：理论与实证［J］. 南京社会科学，2017（10）：30 – 37.

［99］ 邹璇，贾蕾玉. 工业能源消耗结构的优化路径及地区差异［J］. 软科学，2017（6）：46 – 50.

［100］ Aigner D, Lovell C A K, Schmidt P. Formulation and estimation of stochastic frontier production function models［J］. Journal of Econometrics, 1977, 6（1）：21 – 37.

［101］ Aleklett K, Höök M, Jakobsson K, et al. The peak of the oil age-analyzing the world oil production reference scenario in world energy outlook 2008［J］. Energy Policy, 2010, 38（3）：1398 – 1414.

［102］ Ali H S, Law S H, Yusop Z, et al. Dynamic implication of biomass energy consumption on economic growth in Sub-Saharan Africa：Evidence from panel data analysis［J］. Geo Journal, 2017, 82（3）：493 – 502.

［103］ Alireza A. PSO with adaptive mutation and inertia weight and its application in parameter estimation of dynamic systems［J］. Acta Automatica Sinica, 2011, 37（5）：541 – 549.

[104] Allan G, Mcgregor P, Swales K. Greening regional development: Employment in low-carbon and renewable energy activities [J]. Regional Studies, 2016: 1-11.

[105] Arora V, Daniels D, Mead I, et al. EMF32 results from NEMS: Revenue recycling [J]. Climate Change Economics, 2018, 9 (1): 1840014.

[106] Bang G. Energy security and climate change concerns: Triggers for energy policy change in the United States? [J]. Energy Policy, 2010, 38 (4): 1645-1653.

[107] Banks F E. Energy Economics: A Modern Introduction [M]. Berlin: Springer Science & Business Media, 2000.

[108] Bauer N, McGlade C, Hilaire J, et al. Divestment prevails over the green paradox when anticipating strong future climate policies [J]. Nature Climate Change, 2018, 8 (2): 130-134.

[109] Baumol W J. Productivity growth, convergence, and welfare: What the long-run data show [J]. American Economic Review, 1986, 76 (5): 1072-1085.

[110] Bayar Y, Gavriletea M D. Energy efficiency, renewable energy, economic growth: Evidence from emerging market economies [J]. Quality & Quantity, 2019, 53 (4): 2221-2234.

[111] Becker G S. A theory of competition among pressure groups for political influence [J]. The Quarterly Journal of Economics, 1983, 98 (3): 371-400.

[112] Bhide A, Monroy C R. Energy poverty: A special focus on energy poverty in India and renewable energy technologies [J]. Renewable and Sustainable Energy Reviews, 2011, 15 (2): 1057-1066.

[113] Bi G B, Song W, Zhou P, et al. Does environmental regulation affect energy efficiency in China's thermal power generation? Empirical evidence from a slacks-based DEA model [J]. Energy Policy, 2014, 66: 537-546.

[114] Burke P J, Shahiduzzaman M, Stern D I. Carbon dioxide emissions in the

short run: The rate and sources of economic growth matter [J]. Global Environmental Change, 2015, 33: 109 – 121.

[115] Charnes A, Cooper W W, Rhodes E. Measuring the efficiency of decision-making units [J]. European Journal of Operational Research, 1978, 2 (6): 429 – 444.

[116] Cherp A, Vinichenko V, Jewell J, et al. Integrating techno-economic, socio-technical and political perspectives on national energy transitions: A meta-theoretical framework [J]. Energy Research & Social Science, 2018, 37: 175 – 190.

[117] Chowdhury S, Sumita U, Islam A, et al. Importance of policy for energy system transformation: Diffusion of PV technology in Japan and Germany [J]. Energy Policy, 2014, 68: 285 – 293.

[118] Demiroren A, Yilmaz U. Analysis of change in electric energy cost with using renewable energy sources in Gökceada, Turkey: An island example [J]. Renewable and Sustainable Energy Reviews, 2010, 14 (1): 323 – 333.

[119] Edwin V D W, Corrado D M. Imperfect environmental policy and polluting emissions: The green paradox and beyond [J]. International Review of Environmental and Resource Economics, 2012, 6 (2): 153 – 194.

[120] Farzaneh H, Doll C N H, De Oliveira J A P. An integrated supply-demand model for the optimization of energy flow in the urban system [J]. Journal of Cleaner Production, 2016, 114: 269 – 285.

[121] Foxon T J. Transition pathways for a UK low carbon electricity future [J]. Energy Policy, 2013, 52: 10 – 24.

[122] Frederick V D P, Withagen C. Is there really a Green Paradox? [J]. Journal of Environmental Economics and Management, 2012, 64 (3): 342 – 363.

[123] Gabriel S A, Kydes A S, Whitman P. The national energy modeling system: A large-scale energy-economic equilibrium model [J]. Operations

Research, 2001, 49 (1): 14 – 25.

[124] Gillingham K, Newell R G, Palmer K. Energy efficiency economics and policy [J]. Annual Review of Resource Economics, 2009, 1 (1): 597 – 620.

[125] Griffith D A. Spatial econometrics: Methods and Models [J]. Economic Geography, 1988, 65 (2): 160 – 162.

[126] He T L, Li Z D, He L. On the relationship between energy intensity and industrial structure in China [J]. Energy Procedia, 2011, 5: 2499 – 2503.

[127] Hiremath R B, Shikha S, Ravindranath N H. Decentralized energy planning; modeling and application—A review [J]. Renewable and Sustainable Energy Reviews, 2007, 11 (5): 729 – 752.

[128] Honma S, Hu J L. A meta-stochastic frontier analysis for energy efficiency of regions in Japan [J]. Journal of Economic Structures, 2018, 7 (1): 1 – 16.

[129] Jones C T. The role of biomass in US industrial interfuel substitution [J]. Energy Policy, 2014, 69: 122 – 126.

[130] Kemp R, Pontoglio S. The innovation effects of environmental policy instruments—A typical case of the blind men and the elephant? [J]. Ecological Economics, 2011, 72: 28 – 36.

[131] Kennedy J, Eberhart R. Particle swarm optimization [C] //Proceedings of ICNN'95—International Conference on Neural Networks. IEEE, 1995, 4: 1942 – 1948.

[132] Lenssen N, Flavin C. Sustainable energy for tomorrow's world: The case for an optimistic view of the future [J]. Energy Policy, 1996, 24 (9): 769 – 781.

[133] Mar B W, Bakken O A. Applying classical control theory to Energy-Economics Modeling—A tool to explain model behavior in response to varied policy decisions and changing inputs [J]. Management Science, 1981, 27 (1): 81 – 92.

[134] Mccauley D, Heffron R. Just transition: Integrating climate, energy and environmental justice [J]. Energy Policy, 2018, 119: 1 – 7.

[135] McKenna E, Higginson S, Grunewald P, et al. Simulating residential demand response: Improving socio-technical assumptions in activity-based models of energy demand [J]. Energy Efficiency, 2018, 11 (7): 1583 – 1597.

[136] Meadows D H, Goldsmith E I, Meadow P. The Limits to Growth [M]. London: Earth Island Limited, 1972.

[137] Meeusen W, Broeck J V D. Efficiency estimation from Cobb-Douglas production functions with composed erro [J]. International Economic Review, 1977, 18 (2): 435 – 444.

[138] Morris S C, Goldstein G A, Fthenakis V M. NEMS and Markal-Mmcro models for energy-environmental-economic analysis: A comparison of the electricity and carbon reduction projections [J]. Environmental Modeling & Assessment, 2002, 7 (3): 207 – 216.

[139] Neagu O, Teodoru M C. The relationship between economic complexity, energy consumption structure and greenhouse gas emission: Heterogeneous panel evidence from the EU countries [J]. Sustainability, 2019, 11 (2): 497.

[140] Neves S A, Marques A C, Patrício M. Determinants of CO_2 emissions in European Union countries: does environmental regulation reduce environmental pollution? [J]. Economic Analysis and Policy, 2020, 68: 114 – 125.

[141] Newell P, Lane R. A climate for change? The impacts of climate change on energy politics [J]. Cambridge Review of International Affairs, 2020, 33 (3): 347 – 364.

[142] Okello C, Pindozzi S, Faugno S, et al. Development of bioenergy technologies in Uganda: A review of progress [J]. Renewable and Sustainable Energy Reviews, 2013, 18: 55 – 63.

[143] O'Shaughnessy E, Nemet G F, Darghouth N. The geography of solar energy in the United States: Market definition, industry structure, and choice in solar PV adoption [J]. Energy Research & Social Science, 2018, 38: 1 – 8.

[144] Ozturk M, Yuksel Y E. Energy structure of Turkey for sustainable development [J]. Renewable and Sustainable Energy Reviews, 2016, 53: 1259 – 1272.

[145] Painuly J P. Barriers to renewable energy penetration: A framework for analysis [J]. Renewable Energy, 2001, 24 (1): 73 – 89.

[146] Panula-Onttoa J, Luukkanena J, Kaivo-Ojaa J, et al. Cross-impact analysis of Finnish electricity system with increased renewables: Long-run energy policy challenges in balancing supply and consumption [J]. Energy Policy, 2018, 118: 504 – 513.

[147] Park H, Kim C. Do shifts in renewable energy operation policy affect efficiency: Korea's shift from FIT to RPS and its results [J]. Sustainability, 2018, 10 (6): 1723.

[148] Patterson M G. What is energy efficiency?: Concepts, indicators and methodological issues [J]. Energy Policy, 1996, 24 (5): 377 – 390.

[149] Peltzman S. Toward a more general theory of regulation [J]. The Journal of Law and Economics, 1976, 19 (2): 211 – 240.

[150] Porter M B, Jensen F B, Ferla C M. The problem of energy conservation in one-way models [J]. The Journal of the Acoustical Society of America, 1991, 89 (3): 1058 – 1067.

[151] Rammer C, Rexhauser S. Unmasking the Porter hypothesis: Environmental innovations and firm-profitability [J]. ZEW-Centre for European Economic Research Discussion Paper, 2011, 57 (1): 145 – 167.

[152] Reuter M, Patel M K, Eichhammer W. Applying ex post index decomposition analysis to final energy consumption for evaluating European energy ef-

ficiency policies and targets [J]. Energy Efficiency, 2019, 12 (5):
1329 – 1357.

[153] Ringel M. Energy efficiency policy governance in a multi-level administration
structure—Evidence from Germany [J]. Energy Efficiency, 2017, 3
(10): 753 – 776.

[154] Sadorsky P. Do urbanization and industrialization affect energy intensity in
developing countries? [J]. Energy Economics, 2013, 37: 52 – 59.

[155] Saidi K, Mbarek M B, Amamri M. Causal dynamics between energy con-
sumption, ICT, FDI, and economic growth: Case study of 13 MENA coun-
tries [J]. Journal of the Knowledge Economy, 2018, 9 (1): 228 – 238.

[156] Sala-i-Martin X X. The classical approach to convergence analysis [J]. The
Economic Journal, 1996, 106 (437): 1019 – 1036.

[157] Samuelson. The pure theory of public expenditures [J]. The Review of Eco-
nomics and Statistics, 1954 (36): 387 – 389.

[158] Schuitema G, Sintov N D. Should we quit our jobs? Challenges, barriers
and recommendations for interdisciplinary energy research [J]. Energy Pol-
icy, 2017, 101: 246 – 250.

[159] Shahbaz M, Hoang T H V, Mahalik M K, et al. Energy consumption, fi-
nancial development and economic growth in India: New evidence from a
nonlinear and asymmetric analysis [J]. Energy Economics, 2017, 63:
199 – 212.

[160] Shahiduzzaman M, Layton A, Alam K. Decomposition of energy-related
CO_2 emissions in Australia: Challenges and policy implications [J]. Eco-
nomic Analysis & Policy, 2015, 45: 110 – 111.

[161] Sinn H W. The Green Paradox: A Supply-Side Approach to Global War-
ming [M]. Cambridge Mass: MIT Press, 2012.

[162] Steinbach V, Wellmer F W. Consumption and use of non-renewable mineral
and energy raw materials from an economic geology point of view [J]. Sus-

tainability, 2010, 2 (5): 1408 – 1430.

[163] Stigler G J. The theory of economic regulation [J]. Bell Journal of Economics, 1971, 2 (1): 3 – 21.

[164] Strachan N, Kannan R. Hybrid modelling of long-term carbon reduction scenarios for the UK [J]. Energy Economics, 2008, 30 (6): 2947 – 2963.

[165] Suzuki T, Kobayashi T, Kobayashi H, et al. Aiming at a low carbon society in Japan by 2050: Impact of the Fukushima nuclear accident and CO_2 reduction target [J]. Economics of Energy & Environmental Policy, 2016, 5 (1): 89 – 104.

[166] Tiwari A K. Comparative performance of renewable and nonrenewable energy source on economic growth and CO_2 emissions of Europe and Eurasian countries: A PVAR approach [J]. Economics Bulletin, 2011, 31 (3): 2356 – 2372.

[167] Tol R S J. Carbon dioxide emission scenarios for the USA [J]. Energy Policy, 2007, 35 (11): 5310 – 5326.

[168] Tovar M A. The structure of energy efficiency investment in the UK households and its average monetary and environmental savings [J]. Energy Policy, 2012, 50: 723 – 735.

[169] Wang D D, Toshiyuki S. Climate change mitigation targets set by global firms: Overview and implications for renewable energy [J]. Renewable and Sustainable Energy Reviews, 2018, 94: 386 – 398.

[170] Wesseh J P K, Lin B, Appiah M O. Delving into Liberia's energy economy: Technical change, inter-factor and inter-fuel substitution [J]. Renewable and Sustainable Energy Reviews, 2013, 24: 122 – 130.

[171] Wilkerson J T, Cullenward D, et al. End use technology choice in the National Energy Modeling System (NEMS): An analysis of the residential and commercial building sectors [J]. Energy Economics, 2013, 40: 773 – 784.

[172] Williams E, Hittinger E, Carvalho R, et al. Wind power costs expected to decrease due to technological progress [J]. Energy Policy, 2017, 106: 427 −435.

[173] Zadeh L A. Fuzzy sets [J]. Information and control, 1965, 8 (3): 338 −353.